AF579048

En guerra per la vida

Crisi climàtica i transformació social

Josep Cabayol i Virallonga

En guerra per la vida

Crisi climàtica i transformació social

Josep Cabayol i Virallonga

MONTABER

Col·lecció: Crítica i assaig
Director: David Soler

En guerra per la vida
Crisi climàtica i transformació social
1a edició, maig 2023

Edita: Montaber – Marge Books
Brutau, 160 – 08203 Sabadell (Barcelona)
Tel. 931 429 486 – montaber@montaber.es
www.montaber.es

Edició: Núria Gibert
Compaginació: Mercedes Lara
Impressió: Safekat, SL (Madrid)

ISBN edició impresa: 978-84-19109-53-8
ISBN edició digital: 978-84-19109-54-5
Dipòsit Legal: B 9580-2023

El paper emprat en aquest llibre no ha estat blanquejat amb clor elemental (Cl_2).

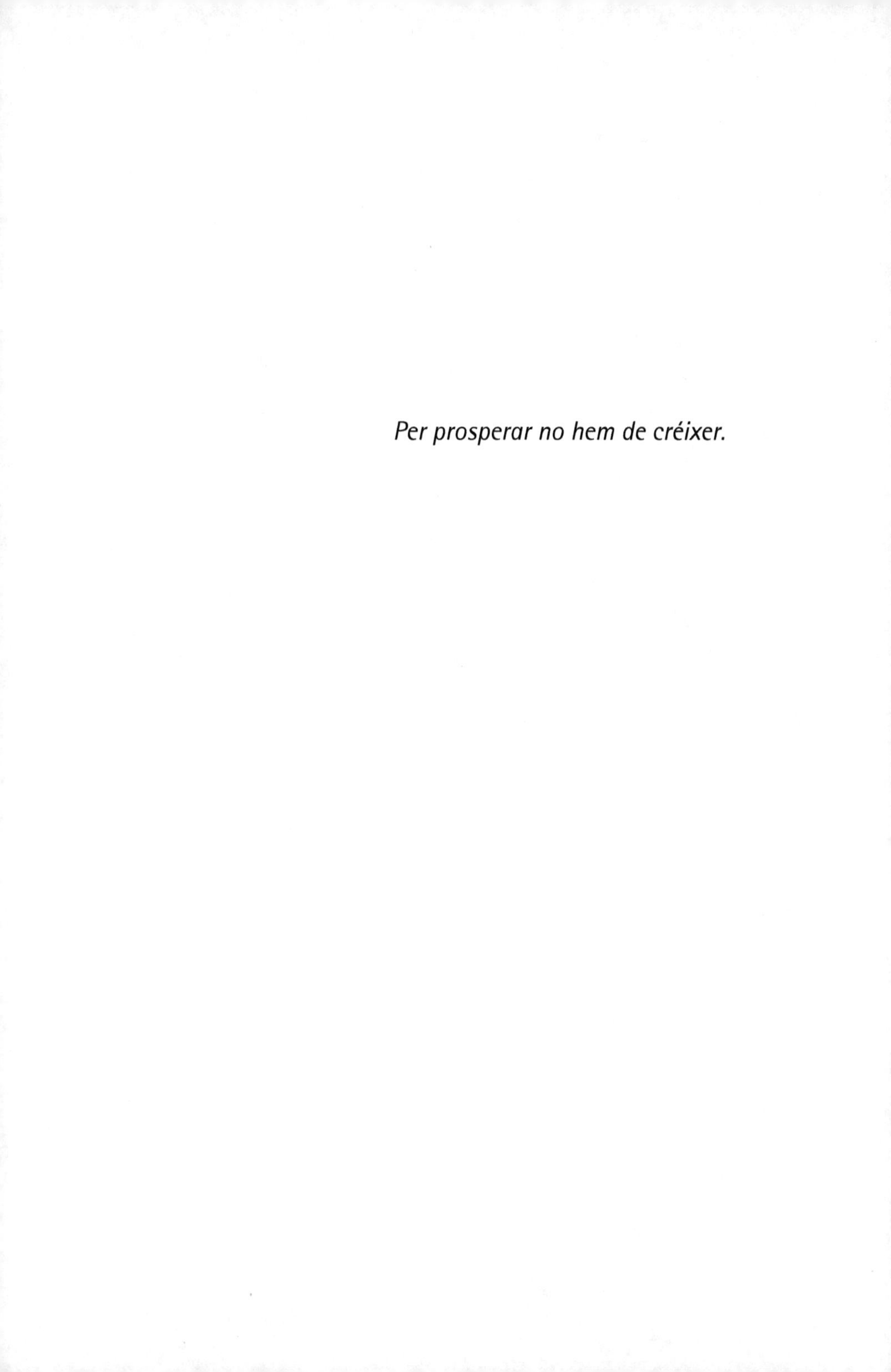

Per prosperar no hem de créixer.

Índex

Nota de l'editorial

El contingut d'aquest volum està format per un text inèdit, el primer capítol, i altres procedents de diverses fonts. Els mitjans de comunicació i dates on van ser publicats originalment són els següents:

- El diari de drets i pensament crític *Catalunya Plural* (https://catalunyaplural.cat/) va publicar:

  - "2023-2025, un bienni negre per imposar un *xoc* climàtic" (21 de gener de 2020).
  - "Emergència climàtica: una guerra contra la vida" (28 de març de 2022).
  - "La natura és la nostra salvació, però només si la preservem" (30 de març de 2022).
  - "L'energia, clau per mitigar o accelerar la crisi climàtica (8 d'abril de 2022).
  - "Com la invasió d'Ucraïna posa en evidència la fragilitat alimentaria del planeta" (20 d'abril de 2022).
  - "El gran risc de negar o manipular l'evidència" (3 d'agost de 2022).

- La revista *15/15\15* (https://www.15-15-15.org) va publicar la versió en castellà de:

  - "Clima i pandèmia: la suma d'emergències" (14 de febrer de 2021) que, anteriorment, havia estat publicat originalment en tres capítols a *Catalunya Plural.* (Aquesta revisió va a anar a càrrec de Moisès Casado i Manuel Casal.)

- "El bé comú o l'extremisme capitalista" va ser publicat per *El Crític* (3 d'agost de 2017), un mitjà especialitzat en periodisme d'investigació (https://www.elcritic.cat/).

En aquesta edició s'han actualitzat algunes dades i s'han corregit convencions gràfiques dels textos, mantenint l'esperit dels originals. Pel que fa a l'article inèdit, les dades han estat actualitzades per Ester González.

Volem agrair la col·laboració dels mitjans de comunicació i de les persones que han fet possible aquest volum.

Il·lustració: Pol Rius.

Josep Cabayol, el periodisme com a revolta personal

Cabayol, nat el 5 de juny de 1952 a Barcelona, i resident a Cardedeu, és un periodista fet a cop de revolta personal.

En el decurs de la seva vida professional s'haurà hagut d'enfrontar al pensament únic, a la veritat única, als marcs d'interpretació immutables sobre què som i cap on anem. Fins i tot jubilat, no el deixaran dir allò que pensa si el que qüestiona és el capitalisme i la necessitat que té el sistema econòmic de créixer per reproduir-se.

Estabilitzades, però, les seves publicacions (dades, estudis, reflexions, pensament crític, debat democràtic) a *Catalunya Plural*, és moment de reconèixer el seu saber adquirit amb el mestratge de científics que l'han ensenyat i acompanyat als programes de ràdio, articles, informes (Marta Rivera, Javier Martín Vide, Francisco Doblas, Marc Prohom, Antonio Turiel, Ferran Puig Vilar, Daniela del Bene, Jordi Solé, Gabriel Borràs, Robert Savé, Jordi Serra Cobo,

Olga Margalef, Joan Benach, Itziar González Virós, Antoni Segura, Màrius Martínez, Mònica Vargas, Miguel Pajares,...), i a documentals dels quals ha estat director o productor executiu, com ara *La plataforma* (dret a l'habitatge), *La salut, el negoci de la vida'* (dret a la salut), *La meva pell* i *Descendents* (totes som iguals), i *50 graus* (crisi climàtica, de salut, alimentària, energètica, dret a migrar).

A Ràdio 4 tindrà el seu propi programa *Emergència climàtica* i col·laborarà en altres com especialista en canvi climàtic, el darrer dels quals va ser *Vida Verda.*

Al desembre de 1994, li encarreguen la posada en marxa, com a sotsdirector i cap de redacció, dels Serveis Informatius de la futura COM Ràdio, que aleshores encara no té nom definitiu. Aquells dos anys marcaran el seu futur. La xarxa d'emissores mai podrà ser el que li havien dit que seria perquè els polítics, tot i les paraules florides, mai van voler que ho fos (paraules buides). Ans al contrari, per empaitar objectius fundacionals fou reprès. Una història que a partir d'aleshores el perseguiria, per una causa o una altra, però en tots els casos de caràcter polític, en els anys següents.

Cabayol torna a TVE com a redactor en cap, i després de fer-li un vestit a mida (reportatges glorificadors) a la Infanta Cristina quan es casa, se n'adona que està fart d'aquest periodisme servil (i no es pot queixar perquè és *jefe* per diners) que es fa fins i tot als mitjans públics pagats amb diners de tothom.

És aleshores quan decideix tornar als orígens, a Ràdio 4 (abans havia treballat a COPE Reus), on va començar de debò la seva carrera professional. Eren els començaments d'aquest segle XXI, i prefereix dirigir un programa fet a una emissora de poca audiència però on el deixin treballar, que no pas "ser usat i figurar" a una televisió, quasi sempre impersonal i distant.

Això sí, l'any 2002, quan retorna a Ràdio 4, porta a la cartera temes que darrerament ha estudiat, no habituals en els programes tipus de les ràdios oficials, que vol exposar i compartir amb els oients: educació, medi ambient, energia, internet, solidaritat, política, aquest món no és l'únic possible.

Només engegar *Gent de món* el setembre de 2001, es troba amb els atemptats del dia 11 de setembre de 2001. La gravetat dels fets i les seves repercussions li canvien els plans. Malgrat les guerres, però, no deixa de parlar de la pau com a mètode per a resoldre-la. I aprèn, perquè sap que es quedarà sense programa. Així fou. Haurà d'esperar una temporada fent esports. Finalment, serà temps de fer l'*Agenda,* situant l'energia, el medi ambient, la salut planetària i la solidaritat (totes som iguals), com els espais estrella que es convertiran en els eixos d'investigació que farciran els treballs periodístics de Cabayol un cop jubilat.

Fins a la seva jubilació, el 2008, però, serà víctima de tota mena d'entrebancs i paranys posats per "dirigents professionals" dedicats a entorpir la feina de periodistes que no es creuen la cosmovisió oficial i obren l'audiència a pensar a través d'un altre marc interpretatiu.

Josep Cabayol i Virallonga va morir el 8 d'agost de 2022.

Recursos

- Documentals dels quals Josep Cabayol ha estat director o productor executiu:

50 GRAUS

Documental sobre crisi climàtica, de salut, alimentària, energètica i dret a migrar, que ofereix una visió sobre què suposa el canvi climàtic i les amenaces que se'n deriven: augment de la temperatura, del nivell del mar, de la intensitat i freqüència de les tempestes, debat territorial energia alimentació, processos de retroalimentació, punts de capgirell i migracions climàtiques.

Estrena: Octubre de 2021 | 74 min | https://www.sicom.cat/50graus/

DESCENDENTS

Documental protagonitzat per fills i filles de persones migrants africanes, asiàtiques, llatinoamericanes que van venir a Catalunya i que ara en formen part. Mostra les adversitats viscudes en primera persona i sobretot la seva capacitat per transformar aquestes realitats fent de la diferència i la diversitat un valor.

Estrena: Octubre de 2020 | 60 min | https://www.sicom.cat/descendents/

LA MEVA PELL

Documental que reflexiona sobre la migració, posant el focus en l'acollida des del punt de vista de la dona com a supervivent d'una doble discriminació, com a migrant i com a dona. Es reivindica el dret a migrar posant-nos a la pell de vuit dones que han exercit el seu dret a la lliure mobilitat.

Estrena: Juny de 2019 | 1 h 33 min | https://lamevapell.cat/

LA SALUT, EL NEGOCI DE LA VIDA

Projecte de periodisme d'investigació i preventiu, format per diferents produccions audiovisuals. Una profunda anàlisi de les causes i responsables de la situació del sistema sanitari a Catalunya: determinants de la salut (gènere, pobresa, classe social, lloc de naixement, feina, habitatge, alimentació, medi ambient), exclusió social, privatitzacions, retallades, dependència, copagament, corrupció, dictadura farmacèutica.

Estrena: Juny de 2013 | https://www.sicom.cat/blog/la-salut-el-negoci-de-la-vida/

LA PLATAFORMA

Documental sobre la història, activitats i reivindicacions de les plataformes d'afectats per les hipoteques: aturada de desnonaments, dació en pagament i lloguer social, i lluita per una nova llei de l'habitatge, via iniciativa legislativa popular.

Estrena: Abril de 2012 | 53 min | https://www.filmin.es/pelicula/laplataforma

• Pel que fa al medi radiofònic, Josep Cabayol va col·laborar en diversos programes, sobretot de Ràdio 4, d'entre els quals us convidem a seguir els darrers on participava i que continuen en antena:

VIDA VERDA

Una hora d'ecologia amb especial atenció a la justícia ambiental i l'emergència climàtica. Secció dirigida per Pilar Sampietro Colom, on col·laborava Cabayol, amb informacions tots els dijous dins el programa *Avui Sortim*, de Ràdio 4.

https://www.rtve.es/play/audios/vida-verda/

Homenatge Cabayol: https://www.rtve.es/play/audios/vida-verda/homenatge-josep-cabayol/6668465/

MÓN POSSIBLE

Tots els diumenges a Ràdio 4, programa per donar veu a col·lectius que pateixen les envestides cruels de la crisi, la pobresa i les injustícies; per conèixer la tasca d'organitzacions a favor de la justícia social, la solidaritat i un món millor. Dirigit per Olga Rodríguez.

https://www.rtve.es/play/audios/mon-possible/josep-cabayol-in-memoriam/6688860/

Josep Cabayol, *in memoriam:* https://www.rtve.es/play/audios/mon-possible/josep-cabayol-in-memoriam/6688860/

Pròleg

Aquest llibre vol posar en valor la labor, sovint anònima, de les persones que senten una pulsió vital que les insta a prendre consciència de la seva responsabilitat social. Gent que es rebel·la davant aquells que "ens han declarat la guerra", com advertia Joan Manuel Serrat a la seva cançó *Pare*, l'any 1973, i que han portat el planeta a una situació d'emergència climàtica. Aquests ents bel·licosos no són anònims, es tracta d'una elit dominant, amb noms, cognoms i empreses, que imposa el seu estatus amb tots els seus recursos econòmics, polítics i culturals.

Un exemple d'aquesta tasca és la de l'autor d'aquest llibre, Josep Cabayol. El seu pensament i activitat política han estat expressades a través de múltiples iniciatives en l'àmbit del periodisme, en mitjans com la ràdio, la premsa escrita i digital, i la producció de documentals. Les seves activitats professionals prèvies li van brindar nombrosos espais d'experimentació i aprenentatge que, posteriorment, va saber posar al servei d'inquietuds pròpies i de moviments socials, sempre a l'empara d'un profund coneixement de la realitat i en l'ús d'una metodologia rigorosa en l'elaboració dels continguts que estava decididament compromès a difondre.

El col·lectiu Sicom (Solidaritat i Comunicació), que presidia, va ser el seu principal instrument per donar forma a iniciatives en l'àmbit audiovisual, però també per donar suport a molts altres projectes que necessitaven el registre i la difusió de les seves activitats. Davant d'una necessitat, sense tenir clar com es resoldria, Cabayol tenia l'habilitat de contagiar el seu entusiasme al seu cercle més proper per aconseguir recursos i de comprometre's ell mateix fins a la medul·la.

El seu major compromís en l'última dècada va ser fer front a l'emergència climàtica. I ho va fer amb l'eina més revolucionària al seu abast: el periodisme, al qual va afegir grans dosis d'imaginació i didàctica, que el van portar a impulsar iniciatives destacades. Vull recordar la d'una marató de 12 hores[1] amb 50 persones de diferents àmbits científics, que van expressar en els seus parlaments una realitat climàtica que els mitjans de comunicació institucionals o privats encara avui es neguen a exposar en tota la seva cruesa. Cabayol va trencar aquest silenci amb la producció d'audiovisuals com *50°*, amb nombroses presentacions públiques i milers de visualitzacions a les xarxes socials.

D'acord amb Cabayol, l'emergència climàtica no és un problema tècnic sinó estructural, que emergeix de les dinàmiques productivistes del capitalisme i dels models de consum que ens imposa. Per això, els capítols d'aquest llibre qüestionen el capitalisme i la necessitat que té el seu sistema econòmic de créixer per reproduir-se. Créixer i créixer fins a rebentar. Coincideix amb la filòsofa Marina Garcés en la idea de seguir la pista dels diners, *follow the money*, per comprendre aquest món on les elits intenten fer creure que entre elles i la resta de la humanitat hi ha un conflicte entre models. En realitat, es tracta d'una guerra entre classes socials i els seus interessos.

Cabayol tenia plena consciència del costat en què jugava i no dubtà en recolzar activament moviments socials defensors del dret

[1] Jornada "Realitat climàtica = Emergència social", 6/4/2019, a l'Espai Veïnal Calàbria 66 (Barcelona): https://www.youtube.com/watch?v=rDOWzZFBDRk&t=392s.

a l'habitatge, l'educació, l'alimentació, la sanitat i la migració, o en contra de la construcció de megainfraestructures, la corrupció a les institucions o la repressió de la llibertat d'expressió. Tampoc no dubtà en acompanyar experiències de governança i autoorganització social, com ara el Parlament Ciutadà, o d'autoorganització econòmica, en l'àmbit de l'economia social i solidària.

Sense adscriure's a cap formació política, polititzà la seva vida com una manera d'impulsar una rebel·lió personal transformadora. "La militància o bé és existencial, o no és realment militància", escriu Santiago López Petit en *El gest absolut*.[2] Per a aquest filòsof, "L'activista funciona dins del marc de l'establert. El militant sap que no existeix una separació entre el dins i el fora, però insisteix a apuntar sempre cap a fora, i perquè polititza tota la seva existència, no admet trampes ni autoenganys. Aborda l'essencial, allò que veritablement importa. L'activisme cansa. La militància mai perquè en ella vida i política es fonen". A través d'aquestes pàgines també es vol reivindicar i compartir aquesta manera d'entendre la militància.

En l'últim capítol d'aquest llibre, publicat només uns dies abans de la seva mort, l'autor es rebel·la contra el periodisme servil, aquell que presenta els fets sense analitzar ni dimensionar les causes, per negar l'evidència i viure a la societat de l'autoengany; en definitiva, aquell que ens allunya de la necessitat de prendre consciència de què és el que realment succeeix: "Alguns autors, com Robert Proctor, defineixen l'autoengany com la 'construcció social de la ignorància' –ignorància entesa com allò que no és cert–. Quan s'activa aquest fenomen, la certesa dels fets es dissol i, en conseqüència, ens desconnectem de la realitat".

[2] *El gesto absoluto, El caso Pablo Molano: una muerte política*, Santiago López Petit. Pepitas de calabaza, Logroño, 2018.

En última instància, Cabayol ens convida a un acte de responsabilitat social: "De tots nosaltres depèn si volem continuar sotmesos a la minoria d'edat autoimposada o preferim, com a ciutadans adults i lliures, escoltar la realitat, entendre-la i posar-hi remei, costi el que costi. De si preferim mirar cap a una altra banda o complir amb el nostre deure de ciutadans i exigir actuacions immediates. Sigui en l'àmbit que sigui. Únicament de nosaltres depèn ser individus mesells amb el cap cot o ciutadans responsables i exigents amb els drets, però també amb els deures. Ens hi va la nostra supervivència".

Així és com aquest llibre posa en valor la necessitat de seguir ampliant el coneixement sobre les transformacions que està patint el nostre planeta, però també que és imprescindible dir prou! als poders econòmics i polítics, i obligar-los a actuar amb urgència per aturar radicalment la destrucció dels ecosistemes. I ens proposa, davant de l'emergència climàtica, a través d'una profunda transformació social, una guerra per la vida.

David Soler
Editor

Presentació

La darrera etapa periodística i activista de Josep Cabayol va estar molt centrada en l'explicació i denúncia de les causes i conseqüències de l'emergència climàtica que pateix la humanitat. En va deixar constància als nombrosos articles que va publicar, els programes de ràdio que va liderar o en els que va col·laborar i, finalment, en el documental *50 graus* que va dirigir. Es va convertir en un referent de la informació sobre canvi climàtic que es feia a casa nostra i en un interlocutor imprescindible pels millors i més compromesos experts en la matèria.

Als arxius de Ràdio 4 hi trobareu els àudios de les seves intervencions als diferents programes en què va participar i del que va dirigir amb el títol, precisament, d'*Emergència climàtica.* Del documental *50 graus* en trobareu tota la informació que necessiteu al portal de Solidaritat i Comunicació-SICOM, l'associació de la qual n'era president (sicom.cat/50 graus). Al llibre que teniu a les vostres mans s'hi recullen nou dels articles que va dedicar a la qüestió que més el va preocupar els darrers anys de la seva vida.

Es tracta de vuit articles publicats a Catalunyaplural.cat, elcritic.cat i a 15-15-15.org i un d'inèdit, "Estat del canvi climàtic: emergència climàtica", que obre el llibre. Cabayol entenia que l'emergència climàtica afectava tots els àmbits de la societat. I en parla als articles que el composen. La pandèmia, el capitalisme, les guerres, l'energia, l'alimentació, la biodiversitat, la salut,... a tot arreu hi deixen la seva empremta i amenaça els efectes del canvi climàtic causat per l'ésser humà.

Josep Cabayol ho explicava en articles llargs, elaborats, curosos i rigorosos al màxim. Els repassava fins un segon abans que l'editor corresponent li demanés, gairebé l'implorés, la redacció definitiva. I, un cop publicats, no era estrany que demanés de retocar alguna dada que havia canviat o obtingut a darrera hora.

Els articles estan publicats en la data que s'especifica a la Nota de l'Editorial de la pàgina 10. S'ha respectat el seu contingut i només s'han posat al dia les dades del que va quedar inèdit i ara ofereix actualitzat aquest llibre.

Va ser dels periodistes pioners a casa nostra en advertir dels terribles efectes que tenia i tindria l'emergència climàtica. Fugia del tremendisme apocalíptic però assenyalava que la humanitat caminava cap al col·lapse i que calia prendre's seriosament les mesures per mitigar els efectes del canvi climàtic i adaptar la nostra societat i els nostres hàbits socials als canvis que inexorablement comportarà.

La seva advertència, fruït d'un esforç periodístic que cal agrair, queda reflectida en aquest llibre. Cal tenir-la en compte i, sobretot, no creuar-se de braços i rendir-se davant l'amenaça real que tenim com a humanitat. Denunciar-la i mai donar el combat per perdut. Ens hi va la vida. Aquest era el tarannà, l'esperit i el missatge que escampava Josep Cabayol i que trobareu en aquestes planes.

Ester González García
Siscu Baiges Planas
SICOM – Solidaritat i Comunicació

En guerra per la vida

Crisi climàtica i transformació social

Estat del canvi climàtic: emergència climàtica

No hi ha cap dubte científic que el nostre planeta és molt més càlid ara que a mitjans del segle passat. A finals del 2022, la temperatura mitjana anual de la Terra havia augmentat aproximadament 1,15 °C des de l'era preindustrial (mitjana de 1850 a 1900), segons dades de l'Organització Mundial de la Meteorologia (OMM). És més, el 2022 ha estat el vuitè any consecutiu en què les temperatures mundials anuals han superat en almenys 1 °C els nivells preindustrials, segons tots els conjunts de dades compilades per l'OMM. Els vuit anys més càlids dels quals es té constància són els compresos entre el 2015 i el 2022.

A Europa, la mitjana és una mica superior, +1,2 °C, segons les dades recollides pel satèl·lit Copernicus, que també conclouen que l'estiu del 2022 ha estat el més càlid que s'ha registrat mai al territori europeu. De fet, a l'informe *United in Science* publicat el 9 de setembre de 2020, ja s'advertia que la pandèmia no havia frenat l'augment dels gasos amb efecte hivernacle (GEH) d'origen antropogènic i que els següents cinc anys serien els més càlids mai registrats, un d'ells per sobre de 1,5 °C.

Els diferents informes del Grup Intergovernamental d'experts sobre el Canvi Climàtic (IPCC) ho diagnostiquen ben clar: el canvi climàtic agreuja la degradació de la Terra, la intensitat de les precipitacions, les inundacions, la freqüència i la intensitat de la sequera, l'estrès per calor, l'augment del nivell del mar, l'acció de les onades, el desglaç del permafrost. La causa principal, identificada també en els successius IPCC, són les ingents emissions de GEH abocats a l'atmosfera per l'activitat humana des de fa dos-cents anys, quan es van substituir les energies renovables (sol, vent, aigua, llenya) per fòssils (carbó, petroli, gas), de gran rendiment energètic. Emissions que han provocat no tan sols l'augment de la temperatura de l'aire i els oceans, sinó la pèrdua prematura de vides de totes les espècies a causa dels fenòmens meteorològics extrems —mig milió de persones, segons German Watch—, les temperatures que superen els límits fisiològics, i la contaminació i toxicitat que generen (gairebé nou milions de víctimes mortals a tot el món, més de mig milió a Europa, 46.000 a Espanya).

TIPPING POINTS

Va ser al quart informe d'avaluació de l'IPCC quan per primera vegada es van citar els *tipping points*, punts de no retorn, de capgirell, del sistema climàtic (TP): llindars que, si es sobrepassen, podrien alterar l'equilibri de la biosfera. Des de llavors, i d'acord amb les investigacions, els TP han adquirit una importància creixent, ja que els científics comprenen que són amenaces reals i tan properes en el temps que podrien estar ja succeint.

En llenguatge popular, els TP serien "la gota que fa vessar el got", llindars en què un petit canvi podria empènyer un sistema a un estat completament nou i causar que parts fonamentals del sistema de la Terra canviessin de manera dramàtica i irreversible.

La comunitat científica vigila diferents *punts calents* del planeta, que entenen relacionats entre si biofísicament. Temen que, en el cas de sobrepassar determinats llindars d'augment de la temperatura de l'atmosfera o els oceans, es desencadeni una cascada global de punts d'inflexió que condueixi de manera irreversible a un nou estat climàtic *hivernacle* menys habitable. Cada cop es disposa de més proves i, aplicant el principi de prevenció, es proposa investigar-los a fons i vigilar-los.

En aquest capítol ens ocuparem dels *tipping points* que estarien en una situació més alarmant –s'han indicat com [TP] en l'epígraf corresponent–: la pèrdua de la capa de gel sobre el continent antàrtic i l'acceleració de la pèrdua de gel a la conca de Wilkes de l'Antàrtida oriental, el desglaç àrtic, la pèrdua del sòl gelat de Grenlàndia, el desglaç del permafrost i els hidrats de metà, el retrocés de la selva amazònica i dels boscos boreals, l'afebliment de la circulació atlàntica, la pèrdua dels esculls de corall i la pèrdua de biodiversitat... Altres TP són els canvis als monsons de l'Àfrica Occidental i indi d'estiu, l'evolució del Sahel, el desglaç de les glaceres alpines, els canvis en la freqüència i virulència del *Niño*, l'augment de la respiració bacteriana marina...

Dos articles han estat de referència per a l'elaboració d'aquest capítol: *"Explainer: Nine 'tipping points' that could be triggered by climate change"*[1] i *"Climate tipping points. Too risky to bet against"*.[2]

[1] https://www.carbonbrief.org/explainer-nine-tipping-points-that-could-be-triggered-by-climate-change.

[2] https://www.nature.com/articles/d41586-019-03595-0.

GASOS AMB EFECTE HIVERNACLE

"Els gasos amb efecte hivernacle emesos per l'home (GEH) han provocat un escalfament inequívoc del planeta a llarg termini" (IPCC, 2019). I de manera desigual, ja que el 75 % de les emissions provenen del G20, mentre que el grup dels denominats per les Nacions Unides com a països menys desenvolupats, que inclou els 47 països més pobres del planeta i amb menys desenvolupament humà, només és responsable d'un 0,8 % de les emissions totals.

Els GEH d'origen antròpic procedeixen sobretot de l'ús de les energies fòssils i el malbaratament

Els GEH han estat sempre presents a l'atmosfera de manera natural. I són transparents a la llum solar. La radiació passa majoritàriament a través de l'atmosfera i escalfa la superfície de la Terra, energia que després emet parcialment en forma de radiació tèrmica. Els GEH acumulats impedeixen que l'energia torni a l'espai exterior, en absorbir-ne bona part, i la reemeten en totes direccions, escalfant la superfície de la terra i el mar: és l'efecte hivernacle. Un procés natural de la Terra que permet la vida tal com la coneixem: els acollidors +15 °C de mitjana de l'atmosfera inferior.

Des de l'era preindustrial, la humanitat altera aquest equilibri natural, fonamentalment en cremar combustibles fòssils. Les enormes quantitats de gasos així produïts —diòxid de carboni (CO_2), metà (CH_4), òxid nitrós (N_2O), els que tenen més impacte; l'ozó troposfèric (O_3) i els gasos fluorats (CFC)— s'afegeixen a les que s'alliberen de manera natural a l'atmosfera, entre elles, el vapor d'aigua, augmentant l'efecte hivernacle i escalfant l'atmosfera per sobre dels nivells que han conformat el desenvolupament de la vida.

Si no hi hagués l'efecte hivernacle, la temperatura mitjana de la Terra hauria estat força més baixa. Contràriament, l'excés de GEH està escalfant i alterant la biosfera (sistema format pel conjunt dels éssers vius del planeta Terra i les seves relacions) i causant el canvi climàtic antropogènic que patim.

Els GEH d'origen antròpic procedeixen fonamentalment de l'ús de les energies fòssils i el seu malbaratament: transport, processos industrials, construcció, sistemes de calefacció i refrigeració, desforestació, usos del sòl, sistema alimentari —agricultura i ramaderia industrial—, i, generació de residus, entre d'altres.

CO_2: SE SOBREPASSA LA BARRERA DE LES 420 PPM

El maig del 2022, l'Observatori Atmosfèric Mauna Loa, a Hawaii, de l'Oficina Nacional d'Administració Oceànica i Atmosfèrica dels Estats Units (NOAA per les sigles en anglès), va registrar el pic de 421 ppm (parts per milió de CO_2: quantitat de molècules de CO_2 per milió de molècules d'aire, excloent-ne el vapor d'aigua), entrant així en un territori no vist en milions d'anys. A finals d'any, la mitjana va ser de 420,99 ppm, fet que suposa un augment d'1,8 ppm respecte al 2021.

El primer mesurament a Mauna Loa, el 1958, va registrar 315 ppm. El límit que es considera segur per no comprometre el futur és de 350 ppm. Es va assolir el 1990. Abans de l'era preindustrial, no es van superar les 280 ppm. Els nivells de CO_2 actuals són comparables al Pliocè, fa entre 4,1 i 4,5 milions d'anys.

El que es mesura és el flux net, el resultat de restar a l'emissió total de CO_2 la quantitat que capturen els oceans —el 30 % de les emissions antropogèniques— i la biomassa que a través de la fotosíntesi absorbeix i transforma el CO_2 de l'atmosfera i expel·leix oxigen.

METÀ

El metà arriba al 23 % de les emissions de carboni. Les emissions de metà, estables des del 1990 fins al 2006, no han deixat d'augmentar des del 2007, un 10 % en aquest segle, i afegeixen més complexitat al canvi climàtic.

El juliol del 2020, un grup d'investigadors encapçalats per Josep Canadell, va publicar a *The Conversation* l'article "Les emissions de metà augmenten: qui en té la culpa?", on adverteixen que les emissions de metà procedents dels combustibles fòssils i l'agricultura estan augmentant a un ritme coherent amb un augment de les temperatures entre tres i quatre graus per sobre de l'era preindustrial a final de segle.

El 2021, es va produir l'increment anual més gran dels nivells de concentració de metà a l'atmosfera des que es van començar a mesurar el 1984. Segons les dades recollides pel Centre Mundial de Dades sobre Gasos amb Efecte Hivernacle (WDCGG), pertanyent a l'OMM, el 2021 la concentració d'aquest gas a l'atmosfera va ser de 1.908 ppb (parts per bilió), un 50 % més que a l'era preindustrial.

Un cop a l'atmosfera, el metà es manté durant nou anys, molt menys temps que el CO_2, que ho fa durant segles. Tot i això, el seu potencial d'escalfament és 86 vegades superior al del diòxid de carboni si prenem en consideració una mitjana de vint anys.

El 40 % del metà és de procedència natural (aiguamolls, principalment a les regions tropicals i de zones fredes com Sibèria i Canadà; de llacs i rius; de fonts geològiques naturals...), però el 60 % prové d'activitats humanes, que el produeixen a un ritme superior al que es destrueix a l'atmosfera i als sòls, principalment de la producció i ús de combustibles fòssils: indústria del petroli i el gas i de les pèrdues que pateixen les seves infraestructures (gasoductes, pous abandonats per les fallides d'empreses extractores), de la mineria del carbó, del sistema agrari i ramader industrial (especialment de les emissions d'animals remugants, fems, abocadors i cultius d'arròs), de la crema de biomassa (llenya, incendis) i dels biocombustibles.

PERMAFROST [TP]

El permafrost és la capa gelada dels sòls que conté material orgànic i que ha estat a 0 °C almenys durant dos anys consecutius, encara que la majoria ho està des de fa milers d'anys. Ocupa la quarta part de la terra no glacial a l'hemisferi nord, especialment de les regions àrtiques i boreals (Sibèria, Alaska, nord de Canadà). Amb l'escalfament global, el permafrost, durant segles embornal natural, es desglaça. Això facilita que el CO_2 i el metà congelat, procedents de plantes i animals morts durant milers d'anys i enterrats sota el mantell gelat, aflorin a l'atmosfera. També treu els microbis congelats de la hibernació, cosa que els permet descompondre el carboni orgànic del sòl. Un procés que, alhora, allibera CO_2 i, en menor mesura, metà. El desglaç del permafrost a gran escala, doncs, té el potencial de causar un escalfament climàtic més gran.

> El permafrost, durant segles embornal natural, es desfà

Sota el permafrost, hi ha el doble de carboni que a l'atmosfera. Els autors de l'estudi esmentat,[2] que arriba fins al 2017, no han observat cap creixement significatiu de les emissions de metà procedents del desglaç del permafrost, però recomanen vigilància terrestre, aèria i satel·lital per saber què passa en realitat. Tot i això, l'*Arctic Program* de la NOAA[3] sosté que el desglaç del permafrost a

[3] https://arctic.noaa.gov/Arctic-News/ArtMID/5556/ArticleID/321/Welcome-to-NOAAs-Arctic-Program-Website.

tot l'Àrtic podria estar alliberant a l'atmosfera entre 300 i 600 milions de tones de carboni net a l'any. Ted Schuur, autor principal del capítol sobre el permafrost, afirmava al *Washington Post* el 10 de desembre de 2019, que l'Àrtic pot haver arribat al punt d'inflexió i estar emetent milions de tones de carboni a l'aire, iniciant-se la tan temuda retroalimentació.[4]

ÍNDEX AGGI

Més del 90 % de la calor addicional del sistema climàtic s'emmagatzema als oceans, a causa de la seva gran capacitat calorífica.

L'efecte combinat sobre l'escalfament global de tots aquests gasos amb efecte hivernacle a l'atmosfera i els oceans el mesura l'índex *AGGI* de la NOAA, creat el 2006. Rastreja les concentracions de GEH d'origen antròpic per després calcular la calor que la seva concentració afegeix a l'atmosfera i als oceans. A l'AGGI de l'era preindustrial, basat en la concentració de CO_2 en aquella època, se li va atribuir el nivell 0. A la concentració de GEH el 1990, any en què es va aprovar el protocol de Kyoto, se li va donar el valor 1. El 2021, l'índex AGGI va augmentar fins a un valor d'1,49.[5] És a dir, es van necessitar més de dos segles perquè el valor AGGI augmentés un 100 % i passés de 0 a 1. En canvi, només han calgut tres dècades per augmentar-lo en gairebé un 50 %. I ha aconseguit la calor equivalent a una atmosfera que contingués 500 ppm de CO_2 de manera constant.

[4] https://www.washingtonpost.com/weather/2019/12/10/arctic-may-have-crossed-key-threshold-emitting-billions-tons-carbon-into-air-long-dreaded-climate-feedback/.

[5] https://www.esrl.noaa.gov/gmd/aggi/aggi.html.

"La salut dels ecosistemes, dels quals nosaltres i totes les altres espècies depenem, s'està deteriorant a una velocitat mai vista. Estem erosionant els fonaments de les economies, els mitjans de vida, la seguretat alimentària, la salut i la qualitat de vida a tot el món", va dir Robert Watson, president de la Plataforma Intergovernamental Científico-Normativa sobre Biodiversitat i Serveis Ecosistèmics (IPBES), en la presentació de l'informe de 2019. (Són *serveis ecosistèmics* els "beneficis que un ecosistema aporta a la societat" i que milloren la salut, l'economia i la qualitat de vida de les persones.)[6]

En síntesi, se sosté a IPBES que els ecosistemes, les espècies, les poblacions silvestres, les varietats locals i les classes de plantes i animals domesticats s'estan reduint, deteriorant o desapareixent. La xarxa essencial i interconnectada de la vida a la Terra s'està fent cada cop més petita i segmentada. Vegem-ne algunes dades:

- Dels vuit milions d'espècies animals i vegetals que coneixem a la Terra, al voltant d'un milió estan en perill d'extinció. Al voltant del 25 % de les espècies de plantes i animals avaluades tenen el seu futur amenaçat.
- L'abundància mitjana d'espècies natives a la majoria dels hàbitats terrestres principals ha disminuït almenys en un 20 % des del 1900.
- Més del 40 % de les espècies d'amfibis, el 33 % dels coralls formadors d'esculls i més d'un terç de tots els mamífers ma-

[6] https://ipbes.net/sites/default/files/2020-02/ipbes_global_assessment_report_summary_for_policymakers_es.pdf.

rins, estan amenaçats. La imatge és menys clara per a les espècies d'insectes, però l'evidència disponible estima que el 10 % estan amenaçades.

- Almenys 680 espècies de vertebrats s'han extingit des del segle XVI. I més del 9 % de totes les espècies domesticades de mamífers utilitzats per a l'alimentació i l'agricultura s'havien extingit el 2016. Mil més estan amenaçades.
- El 75 % del medi ambient terrestre i dos terços del marí han estat alterats significativament per accions humanes.
- El 33 % de les espècies marines estan sent sobreexplotades. El 60 % està al límit. Només se'n captura el 7 % sota nivells de sostenibilitat.
- El 33 % de la superfície terrestre i el 75 % de l'aigua dolça es dediquen a la producció ramadera o agrícola, que ha augmentat en un 300 % des del 1970.
- Un total de 60.000 milions de recursos renovables i no renovables s'extreuen cada any a escala mundial.
- Entre 300 i 400 milions de tones de metalls pesants, dissolvents, s'aboquen anualment a les aigües del món.
- Els fertilitzants han causat més de 400 "zones oceàniques mortes".
- La contaminació per plàstics s'ha multiplicat per deu des del 1980.
- Les àrees urbanes s'han més que duplicat des del 1992.

Totes aquestes realitats s'agreujaran, tret que s'adoptin mesures per reduir la intensitat dels impulsors de la pèrdua de biodiversitat: canvi d'ús de la terra i el mar, explotació directa dels organismes, canvi climàtic, contaminació, i l'ocupació per espècies invasores.

OCEANS

"Les ràpides alteracions que experimenten els oceans i les zones congelades del nostre planteja obliguen a multitud de persones —des dels 680 milions de zones costaneres de baixa altitud (megaciutats, grans deltes), fins als 670 milions que viuen a l'alta muntanya, passant pels 65 milions que viuen en estats insulars (atols urbans) i els 4 milions que viuen en comunitats de les regions àrtiques—, a modificar de forma radical els seus modes de vida", va afirmar Ko Barret, vicepresidenta de l'IPCC, el 25 de setembre de 2019, a la presentació de l'informe especial de l'IPCC titulat *L'oceà i la criosfera en un clima canviant.*

L'ESCALFAMENT DE L'OCEÀ ÉS IRREFUTABLE

L'any 2022 ha estat el més càlid per als oceans (especialment als 2.000 metres superiors) de la història humana. De fet, els darrers deu anys han estat els més càlids, segons s'afirma a *Advanced in Atmosferic Sciences.*[7]

Els oceans s'escalfen sense interrupció des del 1970 i han absorbit més del 90 % de l'excés de calor del sistema climàtic. Des del 1980, han absorbit entre el 20 i el 30 % del total d'emissions antropogèniques de CO_2, cosa que ha acidificat les aigües.

A més, la calor concentrada en els oceans durant els últims 25 anys —molt preocupant perquè equivaldria a la que es desprendria amb l'explosió de 3.600 milions de bombes atòmiques com la d'Hiroshima— implica l'augment del nivell del mar, que l'aigua s'evapori més ràpidament i contribueixi a desencadenar

[7] https://link.springer.com/article/10.1007/s00376-023-2385-2.

fenòmens meteorològics encara més extrems, i que espècies marines no es puguin adaptar prou ràpid i estiguin amenaçades d'extinció.

NIVELL DEL MAR

El nivell del mar s'eleva per la fusió dels mantells de gel a Grenlàndia i l'Antàrtida. També per la pèrdua de massa de les glaceres i l'expansió tèrmica —l'aigua es dilata i ocupa més volum— de l'oceà.

El nivell de les aigües no deixa d'elevar-se des del 2011. Entre 21 i 24 cm des del 1880, segons la NOAA. A un ritme de 3,6 mm anuals, segons l'IPCC. En l'escenari més optimista, a final de segle, el nivell del mar pujarà entre 36 i 60 cm, mentre que el més pessimista l'eleva a 1,10 metres. La comunitat científica estima que cada 2,5 cm de pujada del nivell del mar es tradueixen en 2,5 metres de línia de platja perduts al llarg d'una costa mitjana.

CANVIS I DANYS ALS OCEANS

La fusió de les glaceres i els mantells de gel terrestres provoquen no només la pujada del nivell del mar, sinó també l'expansió de les aigües càlides als oceans. Els oceans, embornals de carboni que absorbeixen entre el 30 i el 40 % de les emissions de CO_2 antropogènic, s'estan escalfant, l'acidesa ha augmentat més d'un 30 % des de l'era preindustrial i els ecosistemes i les espècies que hi habiten estan patint un fort i negatiu impacte (en les taxes de creixement, reproducció, resistència a les malalties i impossibilitat d'adaptar-se a les noves condicions, hipòxia i zones mortes, entre d'altres).

Tot això, aguditzat per les diferents formes de contaminació (plaguicides, herbicides, fertilitzants químics, detergents, hidrocarburs, aigües residuals, plàstics i altres sòlids). Al Pacífic Nord hi ha una concentració de plàstic en descomposició d'uns 1.660 km^2. El descobriment el 2020 d'una espècie del fons oceànic semblant a una gambeta, amb el seu organisme contaminat amb plàstic (l'han anomenat *Eurythenes-plasticus)*, no fa sinó confirmar el desastre. A més, l'eliminació d'aquestes quantitats enormes de plàstic generaria una monumental emissió de CO_2 a l'atmosfera.

Moltes nacions insulars deixaran de ser habitables

L'augment de la temperatura redueix l'oxigen dissolt i la barreja de capes d'aigua i, com a conseqüència, el subministrament d'oxigen i els nutrients. Això altera la vida marina, en particular la dels esculls de corall i altres organismes sensibles a les condicions fisicoquímiques de l'aigua.

La pèrdua d'oxigen, juntament amb l'acidificació deguda a l'absorció de CO_2, causa danys dràstics als ecosistemes, canvis d'alt risc que perjudiquen la biodiversitat. La calor creixent augmenta l'evaporació i la humitat addicional en una atmosfera ja més càlida, altera els corrents, augmenta la nuvolositat i nodreix les pluges (més fortes), provoca inundacions i condueix a un cicle hidrològic i a un clima més extrem (huracans/tifons/ciclons tropicals, com per exemple a les Bahames i Moçambic el 2019), modifica la trajectòria de les tempestes, augmenta la mida de les onades, pot canviar la seva direcció, i causa la fusió de les plaques de gel flotants.

Els episodis de nivell del mar extrem que ocorren durant marees altes i tempestes intenses, i que fins ara es donaven cada cent anys, podrien succeir anualment i en moltes regions. Les zones costaneres estaran cada cop més amenaçades. Probablement moltes nacions insulars deixaran de ser habitables.

L'escalfament dels oceans, la pèrdua d'oxigen i els canvis al gel marí estan ocasionant migracions d'espècies cap a latituds més altes, cosa que provocarà la creació de nous ecosistemes. Es reduiran les prestacions dels serveis ecosistèmics. Les comunitats que depenguin en gran mesura dels productes alimentaris marins veuran afectades la seva salut nutricional i la seguretat alimentària.

Hauran de passar segles perquè l'enorme quantitat de calor acumulada a les aigües més superficials es distribueixi i arribi també a les profunditats. I durant el procés, part de la calor torna a l'atmosfera i en reforça l'escalfament global.

ONADES DE CALOR MARINES

Són períodes en què la temperatura mitjana de l'aigua és excepcionalment alta durant dies o mesos en una regió de milers de quilòmetres quadrats a causa de l'escalfament de l'aire o l'afebliment dels vents. I, o també, per canvis a la coberta de núvols o per variacions en els moviments de les masses d'aigua. Segons l'IPCC, duraran més i seran més freqüents i extremes. Causaran la tropicalització de les comunitats marines, l'arribada d'espècies invasores que desplaçaran la fauna local, l'augment de la migració d'espècies i l'increment de la mortalitat d'organismes amb mobilitat nul·la o reduïda (bivalves, algues fanerògames o coralls que habiten en aigües poc profundes). La seva freqüència s'ha més que doblat en el període entre 1982 i 2016. I es multiplicarà per vint amb un augment de la temperatura de 2 °C.

El 2019, una d'elles, Blob 2.0, es va formar al Pacífic Nord. La van investigar la Universitat Boulder de Colorado i l'Institut Scripps d'Oceanografia. Es va produir, principalment, a causa d'un debilitament perllongat del Sistema d'Alta Pressió del Pacífic Nord, i va registrar la temperatura oceànica rècord dels últims quaranta anys: 2,5 °C per sobre del normal. Amb menys vent bufant sobre l'oceà, hi ha menys evaporació i menys refredament de la superfície.

El potencial d'aquestes ones podria ser devastador. Entre el 2014 i el 2016, Blob, que va succeir a la mateixa zona de Pacífic Nord, va incrementar les algues tòxiques, que van provocar al seu torn la mort de més de cent milions de bacallans del Pacífic i mig milió d'aus marines. Les balenes geperudes van minvar en un 30 %. També els salmons i els lleons marins. I el krill, aliment bàsic a la cadena tròfica. La pesca, essencial per a molts països, fins i tot per a la supervivència, està col·lapsant.

ESCULLS DE CORALL [TP]

La calor provoca l'emblanquiment dels coralls d'aigües càlides. Sota estrès per calor, els coralls expulsen les diminutes algues acolorides que viuen als seus teixits, les zooxantel·les, deixant un esquelet blanc. Les algues proporcionen l'energia als coralls. Sense elles, moren de gana lentament. En els darrers quaranta anys, s'ha multiplicat per cinc el l'emblanquiment dels coralls a causa d'onades de calor marines i ha causat la pèrdua de, com a mínim, la meitat dels que habiten en aigües poc profundes.

El 10 de març de 2020, la revista *Nature Communications* publicava l'article *"Regime shifts occur disproportionately faster in larger ecosystems"* on s'afirma: "Una vegada sobrepassat el punt crític, els esculls de corall del Carib podrien col·lapsar en quinze anys". Aquestes escales de temps decennals són coherents amb les observacions sobre la cobertura de corall al Carib, que va disminuir en un 80 % entre 1977 i 2001 i pot desaparèixer per complet, doncs, el 2035.

Mark Eakin, coordinador del programa *Coral Reef Watch* de la NOAA, sosté a *Carbon Brief* que ja s'ha arribat a un punt d'inflexió: "Estem veient un blanquejament sever a tot el món i el recent esdeveniment global de 2014-2017 ha estat devastador per a molts esculls". Per exemple, la Gran Barrera de Corall, l'estructura viva més gran del món, ha perdut la meitat dels coralls en només dos anys.

La cobertura de corall al Carib podria desaparèixer el 2035

La pèrdua de peixos herbívors, que eliminen les algues, a causa de la sobrepesca, és també una greu amenaça per als esculls que perden així la seva capacitat de recuperació.

Els esquelets morts són ocupats per macroalgues tropicals, capaces d'evitar fins i tot que puguin ser recolonitzats per coralls.

Els esculls de corall ocupen uns 20.000 km^2, hi viuen la quarta part de les espècies marines i en depèn el suport de més de 500 milions de persones, especialment als països pobres.

MEDITERRANI

Onades de calor amenacen també la biodiversitat de la Mediterrània. Les més extremes van succeir el 1999, 2003, 2006 i 2008. Entre altres espècies, va afectar la posidònia oceànica, una planta marina endèmica del Mediterrani que forma praderies, amb un important paper en els ecosistemes marins (reproducció i cria, alimentació i embornals de CO_2) i a les dinàmiques litorals (les fulles caduques s'acumulen a la platja, li donen estabilitat i frenen l'erosió dels temporals).

L'estiu del 2022, i durant diverses setmanes, els termòmetres marins van marcar entre 5 °C i 7 °C més del que és habitual. Josep

Pascual, observador de L'Estartit, a la Costa Brava, va registrar el mes d'agost del 2022 el rècord de temperatura d'aigua marina en superfície des que va començar a prendre mesures fa trenta anys: 27,51 °C. A les illes Medes i al cap de Creus, per exemple, l'aigua va assolir els 27 °C. En alguns punts de la costa francesa es van arribar fins i tot a registrar 30 °C. Mai, en més de cinquanta anys de dades, no s'havien registrat valors tan alts. El sobreescalfament, causat per un "estiu" que pràcticament va començar al maig i va acabar a l'octubre, va provocar que el dia 28 de desembre del 2022 la temperatura de l'aigua del mar a L'Estartit, des de la superfície i fins a 80 metres de profunditat, estigués 2 °C per sobre de la mitjana climàtica. Les conseqüències són desastroses per a la biodiversitat de la zona. Joaquim Gabarrou, investigador de l'Institut de Ciències del Mar de Barcelona, explica que alguns paisatges marins han quedat completament calcinats, com ara coralls centenaris de més d'un metre d'alçada, reduïts a un esquelet: "La situació és tràgica. Hi ha ecosistemes que gairebé han desaparegut".

A l'estiu, el Mediterrani s'escalfa un 20 % més que la resta del planeta

Francisco Doblas, director del Departament de Ciències de la Terra del Barcelona Supercomputing Center – Centre Nacional de Supercomputació, explica com funciona la Mediterrània. Els continents s'assequen i el Mediterrani, com a mar interior, s'escalfa més en superfície que, per exemple, l'Atlàntic. A l'estiu sobretot, tenim zones continentals que s'assequen i que cada cop tenen menys capacitat d'atemperar l'impacte d'un augment de temperatura, amb la qual cosa, en tenir menys humitat disponible, la superfície dels continents s'escalfa més. Això fa que a l'estiu la Mediterrània s'escalfi un 20 % més que la resta del planeta. Com a l'Àrtic, sorgeix un procés de retroalimentació positiva. Si la resta del planeta també s'escalfa més del previst, l'impacte s'afegirà a la pròpia singularitat de la regió mediterrània, que esdevindrà així molt més càlida del calculat, cosa que es reflecteix a les nou projeccions que s'han realitzat.

Al pitjor escenari, la temperatura seria 8 °C més alta a final de segle. És un escenari altament improbable però no impossible. Hauríem d'arribar a 1.000 ppm de CO_2. Altres escenaris no tan pessimistes ens porten també a augments igualment insofribles de la temperatura: entre 5,5 i 6 °C a final de segle. Serien necessàries entre 600 i 800 ppm de CO_2 a l'atmosfera. Recordem que l'índex AGGI ens situa ara mateix a 500 ppm de CO_2 equivalent.

Com ja s'ha indicat, el 2020, la temperatura havia pujat de mitjana més d'1,5 °C a la conca mediterrània i, per al 2040, serà 2,2 °C més alta que a l'època preindustrial, segons el MedECC.[8]

ANTÀRTIDA [TP]

El 26 de juny de 2020 *Nature Climate Change* publica un article en què els investigadors sostenen que el Pol Sud ha patit un increment de la temperatura tres vegades superior a la mitjana mundial durant els últims trenta anys: 0,61 °C.

La península antàrtica, situada a l'extrem nord-oest del continent, s'està escalfant ràpidament, amb un augment de la temperatura de 3 °C, segons l'OMM, provocant que la quantitat de gel fosa es multipliqui per sis entre 1979 i 2017. Igualment inestable és la capa gel de l'Antàrtida oriental, la conca de Wilkes. Tot i això, genera una preocupació especial l'occidental perquè, tot i que més petita, és una capa de gel d'origen marí que s'assenta sobre un llit de roca en gran part submergit i en contacte amb la calor de l'oceà,

[8] https://www.medecc.org/.

cosa que la fa vulnerable a la pèrdua de gel ràpida i irreversible. Amb tan sols una pèrdua parcial del seu gel –conté gel suficient per augmentar el nivell del mar 3,3 metres–, submergiria les costes de tot el món.

A l'informe *New elevation data triple estimats of global vulnerability to sea-level rise and coastal flooding*, publicat a *Nature Communications*, se sosté que, en cas d'inestabilitat antàrtica, 480 milions de persones estarien amenaçades a final de segle, fins a 300 milions el 2050. A *Nature* es va publicar el 2018 un estudi en què es demostra que la pèrdua de gel de la capa occidental s'havia triplicat en deu anys. Una dada concordant amb l'informe especial de l'IPCC sobre els oceans i la criosfera en un clima canviant abans esmentat, la pèrdua de gel entre el 2007 i el 2016 es va triplicar en comparació dels deu anys anteriors. L'extensió dels gels marins durant l'estiu va assolir els seus valors més baixos el 2017 i el 2023. Prop del 87 % de les glaceres de la costa oest de la península antàrtica han retrocedit en els últims cinquanta anys, la majoria mitjançant un procés accelerat els darrers dotze.

No hem de confondre el gel de l'oceà, que no augmentaria el nivell del mar en cas de desglaç, amb el continental, que sí que ho faria greument. La immensa capa de gel de l'Antàrtida té fins a 4,8 km de gruix i conté el 90 % de l'aigua dolça del món, suficient per elevar el nivell del mar uns 60 metres si es fongués.

ÀRTIC [TP]

L'Àrtic s'escalfa més de dues vegades més ràpidament que la mitjana mundial, segons l'OMM (fins a quatre vegades, segons altres fonts). L'extensió del gel marí disminueix tots els mesos de l'any i el gruix no deixa de minvar. En cadascun dels anys compresos entre el 2016 i el 2022, l'extensió del gel marí de l'Àrtic ha estat per sota de la mitjana. De fet, segons les dades satel·litàries de Copernicus, el gel marí de l'Àrtic s'ha anat retirant progressivament i dràsticament. Des del 1979, al mes de gener el gel ha perdut 1,89 milions de quilòmetres quadrats, aproximadament el doble de la mida d'Alemanya. Un estudi publicat a *Nature Climate Change* i recollit pel British Antarctic Survey[9] apunta que l'Àrtic podria quedar-se sense gel el 2035.

GRENLÀNDIA [TP]

Des del 1995, les temperatures de Grenlàndia s'han disparat fins a situar-se 1,5 °C per sobre de la mitjana del segle XX. Entre el 2007 i el 2016, es va duplicar la pèrdua de massa gelada —la segona de la Terra— sobre el sòl de l'illa, respecte als deu anys anteriors. Segons l'*Arctic Program* de la NOAA, Grenlàndia està perdent gairebé 267 mil milions de tones de gel a l'any. L'aigua dolça procedent del desglaç disminueix la concentració salina i augmenta el nivell del mar 0,7 mm/any. Estudis recents informen que el desglaç està succeint set vegades més de pressa que a la dècada dels noranta: 254.000 milions de tones del 2009 al 2018, ambdós inclosos. A mesura que disminueix la capa de gel, la superfície es fon més de pressa i va quedant més exposada a l'aire cada vegada més càlid, desencadenant mecanismes de retroalimentació positiva. El desgel de Grenlàndia elevaria el nivell del mar a més de set metres.

Un estudi publicat a *Nature* el 16 d'agost del 2020 sosté que Grenlàndia ja ha superat el punt de no retorn: les nevades ja no

[9] https://www.bas.ac.uk/media-post/past-evidence-supports-complete-loss-of-arctic-sea-ice-by-2035/.

poden reposar el gel perdut a mesura que les glaceres es retiren, i es perden així 500 milions de tones de gel a l'any. Demostra que una reculada generalitzada, entre l'any 2000 i el 2005, va resultar en un canvi cap a una nova dinàmica de pèrdua de massa sostinguda, que fins i tot persistiria si es donés una disminució de la fusió en superfície.[10]

SIBÈRIA

A la ciutat de Verkhoyansk, a Sibèria, on a l'hivern se superen habitualment els –50 °C i s'ha arribat fins a –67 °C (se'l considera el lloc més fred del món, més que l'Antàrtida), el 20 de juny de 2019 es van assolir els 38 °C, la temperatura més alta mai registrada al nord del cercle polar àrtic. Aquella anomalia tèrmica va tenir conseqüències catastròfiques: el gel es va fondre i es van produir incendis devastadors que van arrasar el 2020 tres milions d'hectàrees de l'Àrtic siberià, una superfície similar a la de Bèlgica. I molts d'aquests focs són impossibles d'apagar perquè es desenvolupen en zones remotes que desforesten la tundra. (Vegeu més endavant l'epígraf sobre boscos boreals.)

D'altra banda, i com explicàvem a l'epígraf dedicat al metà, el permafrost (TP), el 60 % del territori de Rússia, es descongela, cosa que causarà la migració de plantes i animals, el declivi d'altres i fins i tot l'extinció algunes. A més, el desglaç no tan sols emet GEH a l'atmosfera sinó que causa l'enfonsament del terreny i de construccions assentades. Un exemple és el cràter de Batagaika, que va aparèixer als anys seixanta del segle passat, quan es van dur a terme tales

[10] https://www.nature.com/articles/s43247-020-0001-2.pdf.

massives del bosc de la zona. Des de llavors creix a un ritme d'entre vint i trenta metres per any i ja fa més d'un quilòmetre de llarg i cent metres de profunditat. Se'l coneix com la Porta de l'Infern.

EFECTE ALBEDO

Hem de tenir en compte l'efecte albedo, el percentatge de radiació solar que es torna a l'atmosfera després de xocar amb el terra. És una retroalimentació positiva de la temperatura, l'amplificació àrtica: els GEH incrementen la temperatura de l'atmosfera en absorbir part de la llum/energia solar reflectida pel terra. La calor va fonent el gel, la neu i el permafrost. En fondre's, disminueix el reflex de la llum solar i augmenta la temperatura de l'aigua i la terra, que absorbeixen cada cop més energia. I així successivament.

> En un món més càlid, algunes parts d'Europa podrien ser més fredes

L'Àrtic s´escalfa molt ràpid mitjançant l´albedo, explica Francisco Doblas: l'hivern és més càlid, hi ha menys gel a l'estiu, s'escalfa més l´oceà, no permet que es formi gel a l'hivern. La probabilitat que hi hagi gel a l'estiu és més petita. El procés en conjunt fa que l'Àrtic s'escalfi més que la resta del planeta. És un efecte important perquè part de la circulació que tenim a l'oceà i a l'atmosfera es deu a la diferència de temperatura que hi ha entre l'equador i les latituds altes. Si disminueix la diferència, el traspàs de calor és menys efectiu, de manera que la transferència que es fa a través sobretot de la circulació atmosfèrica i oceànica és menys activa i fa que, per exemple, la transferència de calor entre l'Atlàntic subtropical i Europa també pugui ser menys efectiva [TP]. Ens podríem trobar davant de la paradoxa que, en un món més càlid, parts d'Europa fossin més fredes.

CIRCULACIÓ ATLÀNTICA [TP]

La circulació termohalina atlàntica (AMOC per les sigles en anglès) és un sistema format pel corrent del Golf al sud i, més al nord, pel corrent de l'Atlàntic Nord. Forma part d'una xarxa més àmplia de patrons de circulació oceànica global que transporta calor per tot el món. El corrent de l'Atlàntic Nord s'origina als mars freds del nord i transporta aigües fredes, denses, pesades, que s'enfonsen formant la massa d'aigua profunda que solca el fons de l'Atlàntic fins a emergir al mar Antàrtic. És el motor del sistema. El corrent del Golf transporta immenses masses d'aigua calenta, menys denses i pesades, que viatgen des del golf de Mèxic cap al nord, perdent calor pel camí i temperant el clima a Europa. El canvi climàtic afecta aquest procés en diluir l'aigua salada del mar amb aigua dolça procedent del desglaç continental de Grenlàndia i escalfar-la. L'aigua és llavors més lleugera i menys capaç d'enfonsar-se. En conseqüència, s'alenteix la circulació global.

El corrent del Golf s'ha debilitat en els darrers 150 anys fins a nivells no registrats en un mil·lenni, afirma Pablo Ortega, climatòleg i colíder del grup de predicció climàtica del Barcelona Supercomputing Center i coautor d'un dels estudis: el flux s'ha reduït entre un 15 i un 20 %, cosa que suposa una reducció del cabal de tres milions de metres cúbics per segon.[11] A l'article publicat el 20 d'agost de 2019 a *Nature*, titulat *"Deep-water circulation changes lead North Atlantic climate during deglaciation"*, es conclou que "els canvis graduals en la formació de masses d'aigües profundes en latituds altes de l'Atlàntic Nord són precursors de canvis climàtics ràpids i emfatitzen el paper central de la circulació oceànica en el canvi climàtic abrupte".

[11] https://www.youtube.com/watch?v=0MXv8aBXSP8.

El sistema AMOC determina el clima a l'hemisferi nord, molt més càlid a la costa oest d'Europa que a Amèrica. Si continua afeblint-se, refredarà Europa i la costa est d'Amèrica del Nord, on augmentaria el nivell del mar. La pregunta és: on se situa el punt crític d'inflexió (TP) que podria reduir AMOC a zero o revertir-la? Tot i que ara mateix ningú no pensa que pugui succeir amb un augment de temperatura inferior a 3 °C, aquest és un llindar que es traspassarà amb tota probabilitat abans de finals de segle.

BOSCOS I SELVES

Els boscos cobreixen el 30 % de la superfície terrestre, contenen el 80 % de la biomassa vegetal, regulen el cicle de l'aigua, eviten l'erosió i creen sòl, absorbeixen i fixen CO_2 i emeten oxigen, regulen els recursos hídrics, frenen els processos d'erosió i desertificació, influeixen en el clima i afavoreixen la conservació de la biodiversitat d'espècies i hàbitats. Es perden 26 milions d'hectàrees de bosc a l'any des del 2014 a un ritme del 43 % anual. La seva minva suposa una pèrdua irreparable de biodiversitat.

TROPICALS

Els boscos tropicals intactes absorbeixen una tercera part menys de carboni que a l'època de 1990: aleshores recollien un 17 % de les emissions antropogèniques el 1990 per un 6 % ara. Simon Lewis, un dels autors de l'informe *Saturación asíncrona de sumidero de carbono en los bosques tropicales de África y la Amazonia*, apunta que el bioma dels boscos tropicals, que van assolir el punt màxim com a embornal de carboni el 1990, es pot convertir en una gran font neta de carboni mitjançant una o més d'aquestes quatre rutes plausibles: canvis en les taxes de fotosíntesi i respiració, canvis en la biodiversitat en boscos intactes, col·lapse forestal generalitzat per sequera i col·lapse forestal generalitzat per foc.

AMAZÒNIA: MORT REGRESSIVA [TP]

L'Amazònia, la selva tropical més gran del món, amb 5,5 milions de km^2 a nou països d'Amèrica del Sud, s'està desestabilitzant per la desforestació causada pels humans (des del 1970 ha perdut el 17 % de la seva cobertura forest) i el canvi climàtic. Allotja una de cada deu espècies conegudes i conté fins al 20 % de les reserves d'aigua dolça del planeta.

> La selva amazònica genera la meitat de la pluja que rep

Des de fa més de mig segle, se sap que el cicle hidrològic de l'Amazones depèn inequívocament de la transpiració de les fulles i de l'evaporació. El bosc, molt humit, està saturat de pluges fortes i gran part d'aquesta humitat es torna a l'atmosfera a través de l'evaporació. Alhora, l'aigua del sòl és transferida a l'atmosfera a través de la transpiració de les fulles de les plantes. Aquests dos processos constitueixen l'evapotranspiració, que a més de mantenir l'atmosfera humida, generen un moviment ascendent de l'aire (convecció) que afavoreix la creació de núvols i pluja. De fet, la selva genera la meitat de la pluja que rep.

Quan plou, al voltant del 75 % de la humitat és retornada a l'atmosfera. La selva recicla la humitat cinc o sis vegades. L'aire puja, es refreda, i al voltant d'un 20 % es precipita al sistema fluvial. Contràriament, quan la selva tropical es desforesta, el 50 % de l'aigua de pluja s'escorre i no està disponible per al reciclatge.

Els investigadors prediuen que la disminució de les pluges per l'escalfament d'origen antròpic, la reducció de la transpiració de les plantes per l'increment del CO_2 que tanca els porus microscòpics de les fulles, i la desforestació causada pels humans (els incendis forestals serveixen per obrir camí a les indústries extractives i a l'agroindústria, com la càrnia, que desenvolupa a la selva immenses rajades de bous), comportarà l'aparició de llençols secs quan la disminució de l'arbrat superi el punt crític i la selva no es pugui sostenir, és a dir, reproduir la pluja, per si mateixa: la *mort regressiva.*

A l'article *"Amazon tipping point: Last chance for action* a *Science Advances"*, se sosté que les estacions seques a les regions amazòniques ja són més càlides i llargues, la composició dels boscos ja està canviant cap a espècies arbòries més resistents a la sequera. Això suggereix que la mort regressiva pot ser més subtil del que es pensava, però no pas menys catastròfica.[12]

La futura mort regressiva de l'Amazònia, que avança inexorable —cap al 2030 és molt possible que emeti més CO_2 que no pas n'absorbeixi— faria molt difícil abordar el canvi climàtic. La reducció de l'evaporació i la convecció alterarien la circulació atmosfèrica a tot el món. I l'alliberament de CO_2 pels incendis forestals i la reducció de l'arbrat, que disminuiria la funció d'embornal de carboni, acceleraria al seu torn l'augment del CO_2.

BOREALS [TP]

Els boscos boreals —la taigà a Rússia— habiten latituds fredes i altes de l'hemisferi nord i es desenvolupen just al sud de la tundra, on

[12] https://advances.sciencemag.org/content/5/12/eaba2949.

el fred extrem i la manca de pluja impedeixen el creixement dels arbres. Són l'ecosistema, el bioma, més gran de la Terra i representen el 30 % dels boscos del món. I contenen, amb tota probabilitat, la tercera part de tot el carboni terrestre.[13]

La taigà i la tundra àrtica s'estan escalfant el doble que la mitjana mundial. Els estius massa calorosos i les sequeres augmenten la vulnerabilitat a les malalties dels arbres dominants (pins, avets, làrixs), redueixen les taxes de reproducció, i incrementen els incendis, cada cop més extensos i intensos.

> La taigà i la tundra àrtica s'escalfen el doble que la mitjana mundial

La tundra i la taigà àrtica són un embornal de carboni i, com a tal, absorbeixen una gran quantitat de diòxid de carboni i el converteixen en els vegetals que componen la seva densa estructura. Quan es cremen, alliberen molt més carboni que un bosc comú. A causa dels focs, aquests boscos podrien convertir-se en font d'emissió de carboni en comptes de ser embornals.

Un punt d'inflexió possible podria estar causat per un incendi extrem —o altres esdeveniments severs com la sequera extrema— que evitessin la seva regeneració i provoquessin un canvi d'ecosistema, de forestal a un escassament boscós o de pastures. Això afavoriria l'escalfament regional i l'increment dels incendis.

Si succeeix, els boscos tropicals es desplaçaran cap a la tundra, mentre que a la vora càlida, la composició dels arbres es desplaçaria cap a espècies temperades. De fet, s'estan donant casos de boscos boreals canviants en què els arbustos llenyosos estan envaint la tundra. Segons Scott Goetz, líder científic de l'Experiment de Vulnerabilitat de l'Àrtic de la NASA, amb un augment de la temperatura

[13] https://science.sciencemag.org/content/349/6250/819.

global entre 1,5 i 2 °C, que es traduirien a entre 3 i 4 °C a la regió boreal, hi haurà incendis encara més greus i freqüents que cremaran —estan cremant— la capa orgànica del sòl i causaran canvis en les espècies forestals en les properes dues o tres dècades. Els canvis afectaran l'albedo i s'amplificarà l'escalfament regional, cosa que posarà en marxa el mecanisme de retroalimentació positiva.

FOCS FORESTALS

El canvi climàtic no tan sols ha incrementat el nombre i la intensitat dels incendis (Califòrnia, Sibèria, Austràlia i altres), sinó que ha impulsat una nova generació de focs forestals capaços d'esborrar del mapa un ecosistema en només una estació. Marc Castellnou, màxim responsable del Grup de Recolzament Reforç d'Actuacions Forestals (GRAF) dels Bombers de la Generalitat de Catalunya, explica que davant la rapidesa de l'avenç del canvi climàtic, els ecosistemes no es poden adaptar. El foc és una pertorbació de renovació, genera paisatges diferents i canvia alhora l'economia, la distribució de la societat, la qualitat de vida. Hem de gestionar el paisatge. L'homogeneïtat (per exemple, els boscos d'eucaliptus) afavoreix la propagació del foc. És necessari mantenir i afavorir un món rural viu i divers. Fent-ho, vacunem la societat contra aquest tipus de desastres.

AIGUA

Amb el canvi climàtic, les condicions hidrològiques han estat alterades. A meitat de segle, 3.000 milions de persones, el 27 % de la població mundial, viuran en zones subjectes potencialment a la carestia d'aigua per l'augment de l'estrès hídric. Ara mateix, 2.400 milions no tenen accés a cap manera de sanejament. El 12 % beu aigua no potable.

L'augment de la temperatura està fonent les glaceres, que contenen el 70 % de l'aigua dolça de què disposa el planeta. Així mateix, el desglaç suposa una amenaça per a les persones, tant a l'alta muntanya com riu avall (allaus, lliscaments de terres, inundacions...). Les glaceres més petites, a Europa, l'Àfrica Oriental, la regió tropical dels Andes i Indonèsia, perdran el 80 % de la seva massa de gel abans de final de segle. Les més grans, no menys del terç de la seva massa. A Espanya, les glaceres mantenen només el 10 % de la superfície que ocupaven a principis del segle xx.

AIGUA I BOSCOS A ESPANYA

L'augment de temperatura incrementarà l'estrès hídric i disminuirà la producció d'algunes collites. La sequera accentuada en els darrers anys, sumada a la sobreexplotació dels recursos i al malbaratament, amenacen la disponibilitat d'aigua, que disminueix a totes les conques. Espanya disposa d'un 20 % menys d'aigua que fa trenta anys. El flux dels rius ha baixat, a la primavera i l'estiu, en un 1,45 % en el període comprès entre 1996 i 2005. I segons la Unió Europea, si la temperatura augmenta 2 °C, una cosa inevitable durant la propera dècada, la recàrrega dels aqüífers es reduiria en 3.272 hm^3/any, cosa que equivaldria al 15 % de la quantitat d'aigua que ara mateix s'extreu per al regadiu.[1] Contràriament, les terres de regadiu, que consumeixen gairebé el 85 % de l'aigua disponible, han augmentat un 20 % en els darrers divuit anys.

Hi ha més de quatre milions d'hectàrees registrades. A això caldria afegir entre el 5 i el 10 % de regadius il·legals. Per augmentar la productivitat, s'estan regant conreus de secà, com ara oliveres, ametllers i vinyes. S'aposta per l'agricultura intensiva, una amenaça clara a la disponibilitat hídrica, en zones afectades per l'escassetat d'aigua com Extremadura, Andalusia o Castella-la Manxa. Cal preguntar-se si té lògica posar en regadiu 200.000 hectàrees en una Espanya pràcticament desèrtica (Almeria, Alacant, Múrcia) i si són de veritat competitius els productes així subvencionats.

> S'estan regant conreus de secà, com oliveres, ametllers i vinyes

Un exemple el trobem al mar Menor. El regadiu s'està expandint des dels anys vuitanta per tota la plana que desaigua a la llacuna salada, que ha viscut dos episodis dramàtics per a la seva supervivència, la *sopa verda* del 2016 i la mort de tres tones de peixos per la falta d'oxigen l'octubre de 2019. La causa cal buscar-la a l'agricultura, que va deixar el secà per industrialitzar-se, dessecant els recursos hídrics (inclòs el freàtic), i contaminant el terreny i les aigües subterrànies amb fertilitzants i fitosanitaris que acaben al mar Menor i en provoquen l'eutrofització.

Segons denuncia Ecologistes en Acció, els plans especials de sequera no inclouen la necessitat de retallar la demanda d'aigua als plans hidrològics, sinó tot al contrari: se segueix proposant la construcció d'infraestructures, pous de sequera, compravenda de drets concessionaris de l'aigua i la disminució dels cabals hidrològics. Ecologistes en Acció proposa frenar el creixement de la demanda d'aigua per a regadiu, l'increment en l'eficiència de l'ús de l'aigua on sigui possible, el foment de cultius menys consumidors d'aigua i la reducció de la superfície dedicada ara mateix al regadiu.

A la comarca del Segrià, s'estan regant ametllers a un cost de 12.000 m^3 d'aigua per hectàrea i any, una dotació equivalent als camps d'arròs del delta de l'Ebre. La gran majoria d'aquests conreus d'ametller pertanyen a empreses multinacionals que es dediquen a l'exportació. La concentració de la terra cultivable en mans de les grans corporacions alimentàries i dels mecanismes de comercialització ha provocat que més del 50 % de les explotacions familiars agràries hagin desaparegut en els darrers vint anys.

Santiago Beguería investiga a l'Estació Experimental Aula Dei del Consell Superior d'Investigacions Científiques (CSIC), centre del qual és científic titular. Ens parla del projecte Piragua,[14] que avalua els Pirineus: "Estem observant un descens dels recursos hídrics que exporta el Pirineu. Treballem amb la hipòtesi que la causa no és només climàtica, sinó que està relacionada amb els usos del terra. No és el mateix un prat que un bosc. El bosc 'xucla' aigua. L'arbre, amb metres d'arrels, utilitza més aigua que una planta amb quinze centímetres. Què ha passat? Als anys cinquanta, 1.400 pobles van quedar abandonats i, amb ells, l'activitat agrícola i ramadera. Es va reforestar, en alguns casos artificialment, per evitar l'erosió. El bosc ha anat augmentant, contràriament al que suposa molta gent. Es desforesta a l'Àfrica, a l'Amazònia, al Sud-est Asiàtic. Al món desenvolupat passa tot el contrari, els boscos s'expandeixen i això té conseqüències hidrològiques: hi ha menys aigua als rius".

És el cas del delta de l'Ebre, la zona humida més extensa després de Parc Nacional de Doñana i l'hàbitat aquàtic més important del Mediterrani occidental després de la Camarga, a França, que a més de l'insuficient cabal ecològic, està en regressió per la manca de sediments. Els retenen els embassaments i el delta no rep la quantitat suficient per resistir la subsidiència —enfonsament natural del terreny—, les tempestes cada cop més intenses i freqüents, i l'augment del nivell del mar. Des de l'ecologia, la ciència i el propi territori, es reclama que el govern d'Espanya aprovi i faciliti l'aportació de dos

[14] https://www.opcc-ctp.org/es/piragua.

milions de tones anuals de sediments addicionals, com assenyala el programa europeu *Ebro – Admiclim*, per evitar que desaparegui.

"Hem vist que la menor aportació dels rius en les últimes dècades", prosegueix Beguería, "li és igual al sistema. Se segueixen satisfent les demandes en la mateixa mesura. El consum d'aigua augmenta a les ciutats pel turisme i continuen creixent les hectàrees de regadiu. Els plans continuen apuntant a un consum més elevat, quan hi ha menys aigua disponible. Les persones encara no ho notem, però l'estrès anirà a més si a l'augment de la temperatura li sumem que no hi ha previsió de canvi en la dinàmica d'usos del sòl a la muntanya. Cal esperar que s'accentuï la reducció de cabals i cada cop hi haurà més problemes per omplir els embassaments. Fins quan aguantarà?".

Resultats idèntics s'han trobat al projecte *Life MEDACC*,[15] coordinat per l'Oficina Catalana del Canvi Climàtic (OCCC), a les conques del Segre, el Ter i la Muga, on els impactes del canvi climàtic i l'aforestació han provocat significatives reduccions dels cabals circulants a les capçaleres d'aquestes conques.

La pregunta és inevitable: superarà Espanya la propera sequera plurianual o entrarà en col·lapse hídric? Les projeccions climàtiques mostren que les sequeres seran més llargues i freqüents i les pluges no només es reduiran sinó que en algunes zones es concentraran, hi haurà un augment de fenòmens extrems, pluges torrencials i inundacions.

A Espanya, un milió d'hectàrees estan en un risc molt alt de desertificació (degradació d'un territori per causes antropogèniques), el 2 % del territori. Vuit milions més estan en risc alt, entre ells, el Parc Nacional de Doñana.

[15] http://www.creaf.uab.cat/fotosprensa/medacc.pdf.

El juny del 2020, es van presentar els resultats de *FOREStime*, un estudi sobre els canvis esdevinguts als serveis ecosistèmics dels boscos de Catalunya en els darrers 25 anys.[16]

Aquestes en són les principals conclusions:

- *Aigua disponible:* Disminueix gairebé un 30 %. En els darrers 25 anys, l'aigua blava, la pluja que no aprofiten les plantes i arriba als rius i aqüífers (escolament), s'ha reduït en un 29 % a conseqüència de l'expansió forestal i a l'augment de l'evapotranspiració. A la regió dels boscos montans del Pirineu occidental, on es recull gran part de l'aigua dels embassaments de la conca del Segre, la minva ha estat menor, del voltant del 12 %.
- *Boscos:* La capacitat d'absorció de CO_2 ha disminuït en un 17 % entre 1990 i 2014. La fusta que es pot extreure del bosc de forma sostenible, sense comprometre les existències dels estocs de carboni, també ha disminuït al voltant del 7 % durant el període analitzat.
- *Sòl:* L'increment de superfície forestal ha fet augmentar la quantitat de sòl que anualment no s'erosiona.

Gabriel Borràs, responsable de l'Àrea d'Adaptació de l'OCCC, conclou: "El compromís més evident és que qualsevol millora que es vulgui fer als boscos per mantenir els serveis que ens ofereixen anirà en detriment de l'aigua blava, perquè els boscos creixeran més i consumiran més aigua, que no arribarà als rius. Per contra, si es

[16] https://canviclimatic.gencat.cat/web/.content/02_OFICINA/publicacions/publicacions_de_canvi_climatic/Estudis_i_docs_adaptacio/FORESTIME.PDF.

vol incrementar l'aigua que arriba als rius i aqüífers, probablement disminuiran la resta de serveis ecosistèmics avaluats".

SÒLS

La degradació de la terra soscava la seva productivitat, limita els tipus de cultius i minva la capacitat del sòl per absorbir carboni. Això exacerba el canvi climàtic i el canvi climàtic, alhora, exacerba la degradació de la terra, especialment a la costa, deltes, zones seques i permafrost.

La ràpida expansió i el maneig no sostenible de les terres de cultiu i de pasturatge és la causa directa més important de la degradació del sòl, i causa la pèrdua significativa de la diversitat biològica i serveis dels ecosistemes: seguretat alimentària, purificació de l'aigua, provisió d'energia i altres contribucions de la naturalesa que són essencials per a les persones.

Es perden sis milions d'hectàrees de terra productiva cada any

La humanitat ha alterat més del 70 % de la superfície del planeta. Una quarta part de la superfície terrestre no glaçada ha estat degradada per l'acció humana. Es perden sis milions d'hectàrees de terra productiva cada any. A Espanya, més del 40 % del sòl està amenaçat. Segons el Ministeri d'Agricultura, un milió d'hectàrees estan en risc molt alt, vuit milions, en risc alt. La desertificació afecta més de 110 països. Al voltant de 500 milions de persones viuen en territoris subjectes a la desertificació. Les regions que es desertifiquen i les terres àrides són les més vulnerables al canvi climàtic i als fenòmens de gravetat extrema, com ara sequeres, onades de calor i tempestes de pols, i l'augment de la població mundial no fa sinó sotmetre aquestes zones a més pressió.

La humanitat està fent servir una tercera part de les terres disponibles per proveir-se d'aliments. Els impactes intensius de l'agricultura agreugen l'erosió dels sòls i han reduït la matèria orgànica de la terra. Els sistemes agroalimentaris són altament demandants de recursos finits o de lenta recuperació: més del 70 % de l'aigua dolça, el 90 % del fòsfor disponible, el 30 % del consum energètic mundial. I alhora són una important font de contaminació per l'ús excessiu de nutrients i la gestió incorrecta dels residus ramaders. Els usos del sòl per a fins agrícoles, silvícoles i d'una altra índole suposen el 23 % de les emissions antropogèniques de GEH: el 13 % del CO_2, el 44 % del metà i el 81 % de l'òxid nitrós. Si hi afegim les emissions relacionades amb el conjunt del sistema de producció d'aliments, aleshores s'arriba al 37 %. Alhora, els processos naturals de la terra absorbeixen una quantitat de diòxid de carboni equivalent a una tercera part de les emissions de CO_2 causades per la crema de combustibles fòssils i la indústria. El balanç seria negatiu.

ALIMENTS

El canvi climàtic afectarà els quatre pilars de la seguretat alimentària: reduirà el rendiment, en particular als tròpics, augmentarà els preus, afectarà les cadenes de subministraments i els nutrients perdran qualitat. Un estudi encapçalat per Chunwu Zhu i publicat a *Science Advances* el 23 de maig de 2018, ja alertava de la disminució de proteïnes, minerals essencials (com ferro i zinc) i vitamines, a causa de l'augment de CO_2 a l'atmosfera.

La terra que ja s'està cultivant podria alimentar la població en un context de canvi climàtic i ser una font de biomassa que proporcioni energia renovable, però cal adoptar iniciatives primerenques de gran abast que incideixin simultàniament en diversos àmbits.

L'agost de 2019, es va publicar l'informe de l'IPCC titulat *Sòls i canvi climàtic*,[17] on s'estudien els fluxos dels GEH derivats dels ecosistemes, l'ús del sòl i la seva gestió sostenible. Marta G. Rivera Ferré, directora de la Càtedra d'Agroecologia i Sistemes Alimentaris de la UVIC-UCC, i coautora de l'informe, publicava a la revista *Agrocultura* l'abril de 2020 l'article "Sistemes alimentaris, dieta i canvi climàtic", en què recollia bona part de les conclusions a què han arribat els experts de les Nacions Unides: cal abordar estratègies conjuntes des de la producció, el consum i el transport d'aliments.

Cal abordar estratègies conjuntes des de la producció, el consum i el transport d'aliments

Des del punt de vista de la producció, es proposa incrementar la matèria orgànica del sòl, reduir-ne l'erosió i millorar el maneig del bestiar. Fer-ho permetria mitigar no només les emissions de GEH dels cultius i la ramaderia, sinó també que sòls i biomassa absorbissin carboni. Afavoriria l'adaptació i suposaria reduir l'evotranspiració i, així, la necessitat d'aigua i la degradació dels sòls.

Pel que fa a l'augment de matèria orgànica, cal impulsar associacions i rotacions de cultius que depenguin del context cultural i agroclimàtic, sistemes de producció mixtos (agrosilvopastorils), ús de races autòctones i pasturatge eficient conforme a la capacitat de càrrega ramadera de territoris concrets. Per aplicar aquestes mesures, cal diversificar espècies i varietats, biodiversitat i agrobiodiversitat. I recuperar el coneixement tradicional que s'ha perdut a Espanya i Europa: varietats i races locals més rústiques davant de condicions climàtiques extremes i sòls menys fèrtils. Una cosa molt difícil després de dècades de producció basades en el

[17] https://www.ipcc.ch/srccl/.

monocultiu i l'extracció de matèria orgànica del sòl afavorida per l'ús de fertilitzants inorgànics.

A això caldria afegir canvis a la dieta (menys proteïna animal) i evitar el malbaratament (es malgasten entre el 25 i el 30 % dels aliments que es produeixen).

GESTIÓ MORTAL DELS ECOSISTEMES: EPIDÈMIES, PANDÈMIES

Primer, va ser la canya de sucre lligada a la colonització, l'esclavatge i l'acumulació de capital. Després, la *revolució verda* dels anys cinquanta del segle passat, que va causar desigualtats, gana i pobresa i greus danys al medi ambient i la biodiversitat. Ara és el torn de l'agroindústria, que amb alts rendiments basats en *inputs* tecnològics (pesticides, fungicides), ha penetrat i destruït territoris dedicats a l'agricultura familiar basada en l'autoconsum. Els monocultius, com els de soja i la palma, són responsables del desplaçament i la despossessió de milers de pagesos de les seves terres. Però no només.

Delia Grace, epidemiòloga i veterinària, és autora principal del nou informe de les Nacions Unides *Prevenint la propera pandèmia: les zoonosis i com trencar la cadena de transmissió*, presentat el juliol del 2020. Argumentava a la BBC que a l'últim segle han sorgit més i més malalties infeccioses: vaques boges, grip aviària, sida, grip espanyola... El 75 % van tenir com a font animals salvatges. I moltes van arribar als humans usant com a *ponts* els animals domèstics, molt més nombrosos que els salvatges: pollastres, porcs i altres tipus de bestiar. La demanda de proteïna d'origen animal (carn vacuna, ous, peixos, pollastres) és una de les causes més importants. La indústria està dominada per uns quants tipus genètics similars. Els animals estan amuntegats i estressats i, en aquestes circumstàncies, el seu sistema immunològic es debilita. I a molts països les mesures de bioseguretat no són bones. El que estem veient és una pressió molt gran sobre els ecosistemes, impulsada per l'augment de la població, amb un enorme increment d'indústries extractives.

Hi ha tres regions on es concentra la màxima biodiversitat i de patògens: l'Àfrica Central, el Sud-est Asiàtic, Amèrica Central i l'Amazònia. L'explotació de noves àrees naturals, la desforestació, relaciona humans i animals amb virus amb què no hi havia contacte amb anterioritat. En utilitzar els territoris per a pràctiques "més rendibles", com assentaments humans, agricultura, ramaderia, monocultius o obtenció d'energia, estem canviant l'estructura i funcionalitat dels ecosistemes a un ritme sense precedents i degradant-los.

Els patògens necessiten nous amfitrions. Sovint som nosaltres

Una pràctica que no impacta tan sols sobre la biodiversitat, sinó que també ho fa sobre la salut, cosa que no solem advertir-nos, ja que la relació entre la causa i l'efecte no s'estableix de manera immediata. Ho explica Jordi Serra-Cobo, investigador al Departament de Biologia Evolutiva, Ecologia i Ciències Ambientals de la Universitat de Barcelona, que afegeix: "Patògens n'hi ha a tot arreu. Aquests virus estan en reservoris animals, que és d'on provenen la majoria de malalties infeccioses, emergents. La nostra relació amb l'entorn natural i aquests reservoris és allò que està canviant. Sabem que estem augmentant la probabilitat de contacte entre les espècies salvatges, les portadores de virus, i la nostra espècie, i que cal que el virus es propagui perquè l'amenaça prosperi. I aquí no tan sols influeixen els fenòmens de canvi ambiental, sinó també social i socioeconòmic: costums, possibilitats econòmiques relacionades amb l'alimentació, fam, caça, captura d'animals salvatges, condicions i control sanitari, coneixement... Finalment, cal que els humans ens moguem molt. Hi ha d'haver molta interconnectivitat.

Quan modifiquem la dinàmica de conducta d'una espècie que té uns reservoris de patògens, modifiquem el cicle dels patògens i podem alterar el risc de transmissió a tothom. Quan desorganitzem els ecosistemes, sacsegem els virus i els alliberem dels seus hostes naturals. Quan això passa, els patògens necessiten un nou amfitrió. Sovint som nosaltres. És la transferència zoonòtica, les zoonosis. S'ha posat, i continuem posant, les bases de noves epidèmies: virus del Zika, Èbola, SARS, MERS, hepatitis E, dengue, chikungunya, Nipah, covid-19...".

CONCLUSIONS

Els tipping points *i el futur que ens espera*

L'augment de la temperatura de la biosfera és el factor que podria activar la cascada de punts d'inflexió del sistema climàtic. No es coneix, però, el llindar de temperatura que desencadenaria el mecanisme de no retorn en algun dels punts d'inflexió que, al seu torn, arrosseguen els altres. Les darreres investigacions no descarten que això pugui succeir entre els 1 i 2 °C d'increment de la temperatura, quan inicialment els científics el situaven per sobre dels 5 °C d'augment.

El 2022, la temperatura es va elevar 1,15 °C per sobre de l'era preindustrial. I segons

Copernicus, durant l'any transcorregut de juliol del 2019 a juny del 2020, la temperatura global

va augmentar 1,28 °C. Així, l'augment d'1,5 °C s'aconseguiria cap a 2030. I el de 2 °C, al voltant de meitat de segle. Abans, si es confirmés la creixent influència del metà. En aquest sentit, un article encapçalat per Elwyn de la Vega i publicat a *Scientific Reports*, el juliol del 2020, afirma que el 2025 hi haurà més CO_2 a l'atmosfera que en els últims 3,3 milions d'anys.[18] Andrew Glikson, de la Universitat Nacional d'Austràlia agreuja l'emergència i afirma que la taxa d'augment de GEH (CO_2, metà i òxid nitrós) és superior a l'esdevinguda durant l'extinció dels dinosaures, fa 66 milions d'anys.[19]

QUÈ PODRIA PASSAR?

El 27 de novembre de 2019, un grup de científics encapçalats per l'esmentat Timothy M. Lenton, va publicar a *Nature* un estudi sobre els punts de no retorn, titulat *"Climate tipping points. Too risky to bet against"*.[2] Referint-se als límits de la biosfera, temen que les activitats humanes i el canvi climàtic provoquin que en algun dels *punts calents*, especialment de la criosfera, se superi el llindar de seguretat i es desencadeni una cascada d'esdeveniments que condueixi a un estat climàtic *hivernacle* menys habitable. I en posen un exemple: "Sabem que la pèrdua de gel marí a l'Àrtic està amplificant l'escalfament. I que el desglaç de Grenlàndia està subministrant aigua dolça a l'Atlàntic Nord. Tots dos esdeveniments podrien haver contribuït, des de mitjans del segle XX, a una desacceleració del 15 % de l'AMOC, que és una part clau del transport global de calor i de sal a l'oceà. La ràpida fosa de la capa de gel de Grenlàndia i una desacceleració més gran de l'AMOC podrien desestabilitzar el monsó d'Àfrica Occidental i desencadenar una sequera a la regió africana del Sahel. Una desacceleració al sistema AMOC també podria assecar l'Amazones, interrompre el monsó de l'est d'Àsia i fer que s'acumuli calor a l'oceà Austral, cosa que podria accelerar la pèrdua de gel antàrtic". I això no és una pel·lícula. A aquest ar-

[18] https://www.nature.com/articles/s41598-020-67154-8.

[19] https://johnmenadue.com/andrew-glikson-co2-is-rising-at-the-fastest-rate-since-66-million-years-ago/.

ticle publicat a *Nature* se n'afegeix un altre a *PNAS*, encapçalat per Will Steffen.[20] En tots dos es requereix l'acció humana col·lectiva per allunyar el sistema terrestre d'un potencial punt de capgirell i estabilitzar-lo en un estat habitable similar a l'interglacial. Aquesta acció implica l'administració de tot el sistema terrestre (biosfera, clima i societats) i hauria d'incloure la descarbonització de l'economia global, la millora dels embornals de carboni de la biosfera, canvis de comportament, innovacions tecnològiques, nous arranjaments de governança i valors socials transformats.

ON SOM

El Programa de Nacions Unides per al Medi Ambient (PNUMA), en el seu Informe sobre la disparitat a les emissions de novembre de 2019, recomanava que, per evitar l'augment de 1,5 °C, calia anar més allà dels Acords de París i comprometre's a una reducció del 7,6 % de GEH a l'any a escala escala global fins al 2030 i respecte a les emissions del 2018. Això significa una reducció del 55 % al final d'aquesta dècada. Si l'objectiu era menor, evitar els 2 °C, aleshores caldria una reducció del 25 % fins al 2030. Sempre respecte a les emissions del 2018.

En el moment de tancar aquest informe, i malgrat la covid-19, la reducció de les emissions de CO_2 era inferior (entre 29 i 32 Gt de CO_2 equivalent de més) a la recomanada anualment per les Nacions Unides per evitar l'augment d'1,5 °C, i entre 12 i 15 Gt de CO_2 de més per evitar l'augment de 2 °C. I no sembla que hi hagi voluntat real de reduir-les. Al llarg del primer semestre del 2020, els països del G20, que en conjunt representen el 80 % de les emissions mundials i són els més rics, es van comprometre a invertir

[20] https://www.pnas.org/content/115/33/8252?s=09.

151.000 milions de dòlars per al foment dels combustibles fòssils, per tan sols 88.600 milions per a les renovables.[21]

I Espanya? Les seves intencions són molt poc ambicioses des del punt de vista mediambiental. La Llei de Canvi Climàtic estableix que per a l'any 2030 s'hauran de reduir les emissions del conjunt de l'economia espanyola en, com a mínim, un 23 % respecte a 1990, un any en què es van emetre 287,8 milions de tones de CO_2 equivalent ($MtCO_2eq$), força menys de les 305,5 de 2022. Una reducció, doncs, clarament insuficient per impedir l'augment de 2 °C.

Si els *tipping points* es fan realitat, si se superessin un o més dels *punts de capgirell*, l'amenaça d'una biosfera més calenta, dura i fins i tot inhòspita, planaria sobre tots els éssers vius que l'habiten, agreujant-se la crisi civilitzatòria (de salut, cures, econòmica, ecològica i política), com adverteix Joan Benach, investigador, salubrista i professor del Departament de Ciències Polítiques i Socials de la Universitat Pompeu Fabra. En joc estaria —ja ho està— la salut planetària, una única salut que estableix la interdependència entre l'activitat humana i els sistemes naturals (aire, aigua, terra, biodiversitat) i el seu impacte en el benestar de les persones.

[21] Dades proporcionades per la xarxa Climate Action Network, a través del projecte Energy Policy Tracker (https://www.energypolicytracker.org/).

2023 a 2025, un bienni negre per imposar un *xoc* climàtic

Ve una crisi econòmica per escassetat de recursos que farà caure les emissions de CO_2 però no serà prou. La ciutadania ha de comprendre que no es pot parar el canvi climàtic encara que aturem totes les emissions, però sí que podem no agreujar-lo i adaptar-nos amb transformacions profundes del model socioeconòmic i cultural. I per aconseguir-ho cal forçar els poders econòmics i polítics a actuar ara mateix.

Acabada la COP 25, celebrada a Madrid el desembre de 2019, la pregunta era i és: per què no es fa res? Per què no s'ha decidit actuar per fer front de debò a l'emergència climàtica?

Però les preguntes clau haurien de ser: li convé al sistema econòmic procedir contra l'emergència climàtica? Han decidit els poders econòmics ajornar qualsevol actuació i triar el moment de commocionar i provocar el 'xoc' per evitar respostes organitzades? Quan serà?

Els mercats albiren que la resposta governamental a l'emergència climàtica, que qualifiquen de contundent, desordenada i pertorbadora, serà cap a 2025.

EL CANVI CLIMÀTIC COM A EINA DE DESPOSSESSIÓ

Solomon Hsiang, catedràtic de polítiques públiques a Berkeley, Califòrnia,[1] ha liderat un equip de científics que han estudiat els efectes del canvi climàtic sobre la societat. Sosté que el canvi climàtic perjudica l'economia dels Estats Units i augmenta la desigualtat, tot empobrint els més pobres i enriquint els més rics. I conclou: si no fem res, el canvi climàtic pot suposar la transferència de riquesa dels pobres cap als rics més gran de la història dels Estats Units. En altres paraules, el canvi climàtic és una eina efectiva per a la despossessió de les classes populars. I no tan sols als Estats Units. Amb particularitats, l'anàlisi és aplicable a tot el nord global. Podeu consultar l'estudi *Climate change damages US economy, increases inequality*.[2]

El sud és la zona més afectada pel canvi climàtic als Estats Units. Des de fa temps, tenen lloc processos migratoris cap a d'altres territoris del país. Migren les persones amb capacitat econòmica i es queden aquelles que no poden canviar de residència. En aquest sentit, la iniquitat creix, tant a nivell de classe com territorial. També al sud global.

Però no tots els casos són iguals. Jesús Marcos Gamero, investigador de la Universitat Carlos III i de la Fundación Alternativas, ens comentava els efectes de l'huracà Katrina sobre Nova Orleans. Amb els avisos del desastre van abandonar la ciutat les persones amb suficients recursos econòmics, però s'hi van quedar les més pobres. En especial les negres afroamericanes, que van ser les que van rebre les conseqüències de l'huracà i ho van perdre tot, fins i tot la vida. Després del desastre, els més rics van tornar i es van

[1] https://gspp.berkeley.edu/research-and-impact/faculty/solomon-hsiang.

[2] https://www.sciencedaily.com/releases/2017/06/170629142958.htm.

apoderar de tot el que van poder. Els pobres van haver de migrar. Van marxar de Nova Orleans al voltant de 100.000 afroamericans i hi van arribar migrants llatinoamericans disposats, per necessitat, a fer la feina que calgués. Ara la ciutat és encara més desigual. I hi regna la iniquitat.

No és a l'únic lloc on s'ha donat aquest procés. A Miami, la part més alta de la ciutat està poblada per persones procedents d'Haití —de fet, s'anomena popularment *Little Haití*—. Donat que el nivell del mar està pujant inequívocament, el barri està vivint un procés de gentrificació amb una accelerada pujada de preus que està fent fora els pobres. Els rics hi han posat l'ull a la recerca de més seguretat, ja que tenen l'oportunitat, pensen, d'escollir el seu futur. Els pobres, no.

A finals de setembre, el *New York Times* avançava el contingut del treball de l'Oficina Nacional d'Investigació Econòmica titulat "Finançament hipotecari davant el risc climàtic en augment".[3] L'estudi fa saber que els bancs nord-americans poden estar titulitzant les hipoteques d'habitatges edificats en zones vulnerables al canvi climàtic —a la vora de mar i rius— i venent-les a Fannie Mae o Freddie Mac, empreses patrocinades pel govern i els deutes de les quals son avalats pels contribuents. Així, els bancs eviten els riscos financers si els propietaris no poden pagar, riscos que serien sufragats per la ciutadania, un cop més.

A la Xina, els processos migratoris interns també estan donant oportunitats econòmiques als més rics. Els més pobres han d'anar a buscar-se la vida a unes ciutats molt i molt contaminades, mentre els més rics, aquells que s'han enriquit amb l'explotació dels que menys tenen —i menystenen, com passa arreu—, marxen per ins-

[3] https://www.ouazad.com/resources/paper_kahn_ouazad.pdf.

tal·lar-se en zones no tan afectades pel medi ambient, on gaudeixen de millor salut i alimentació.

L'agost de 2018, la revista digital *Contexto – CTXT* reproduïa l'article de Douglas Rushkoff "La supervivència dels més rics", publicat inicialment a *Medium.*[4] Explica Rushkoff que el van convidar a una reunió amb cinc súper rics del món de les altes esferes, les finances i les inversions i que no li van preguntar com salvar el planeta de la crisi climàtica, sinó com es podrien salvar ells. Volien saber quines eren les regions més segures; com transferir la consciència a un ordinador; o com, en cas de desgavell global, podrien mantenir l'autoritat sobre les seves i particulars forces de seguretat. No tenien intenció de revertir les causes de la crisi ecològica, energètica, social, sinó de saber com haurien de construir-se el seu condomini físic o virtual.

LES DADES OBJECTIVES PORTEN AL DECREIXEMENT, INACCEPTABLE PEL CAPITALISME

Els gasos amb efecte hivernacle continuen creixent. Un 1,5 % per any i de mitjana la darrera dècada; 55,3 gigatones [GtCO2e] abocades el 2018. El màxim històric de concentració de gasos amb efecte hivernacle (GEH) a l'atmosfera es va assolir el 15 de maig de 2019 amb 415,70 parts per milió (ppm). La mitjana de 2018 fou de 407,8 i la de 2017, de 405,5 ppm. Aquest 2020 confirma la tendència camí d'un nou rècord: 413,5 ppm el dia 12 de gener. Un any abans, 409,94. En fa deu, 388,21. El límit considerat segur és de 350. Abans de l'era industrial no se superaven les 280 ppm.[5]

[4] https://onezero.medium.com/survival-of-the-richest-9ef6cddd0cc1.
[5] https://co2.earth/daily-co2.

El Programa de Nacions Unides per al Medi Ambient (PNUMA) feia saber ja el novembre de 2019 que si es vol aconseguir que la temperatura no pugi més d'1,5 °C respecte de l'era preindustrial, les emissions de CO_2 haurien de reduir-se un 7,6 % cada any durant el decenni del 2020. Una disminució d'aquesta magnitud suposaria una reducció energètica aproximada del 40 %. Si l'objectiu és més modest i l'augment acceptat fos de 2 °C, aleshores la disminució hauria de ser del 2,7 %. En conseqüència, evitar un increment d'1,5 °C significaria decréixer inevitablement. Evitar els 2 °C —un risc indiscutible donat que en el document IPCC fet públic a Incheon el mes d'octubre de 2018 s'afirmava que el punt de no retorn se situava, amb molta probabilitat, en els +1,7 °C— cosa que suposaria créixer tan poc que comportaria l'estancament.

Si es vol evitar que la temperatura pugi 1,5 °C, el decreixement és inevitable

Jason Hickel, de la Goldsmiths University de Londres, i Giorgos Kallis, de l'Institut de Ciència i Tecnologia Ambientals de la Universitat Autònoma de Barcelona (ICTA-UAB), ho deien en un informe[6] publicat el mes de maig de 2019 a la revista *New Political Economy* i recollit per *Sostenible:* si el sistema econòmic vol evitar que la temperatura pugi més de 2 °C, el PIB no pot créixer més enllà del 0,5 % (un percentatge insuficient pel concepte sistèmic de créixer, que se situa com a mínim en el 2 %). Però si el que es vol evitar és l'augment d'1,5 °C, aleshores el decreixement és inevitable.

[6] https://www.sostenible.cat/noticia/cal-decreixement-economic-per-combatre-la-crisi-climatica-segons-un-estudi.

Totes les grans companyies estan exhaurint la seva capacitat extractiva. Per la seva banda, els països estan explotant fins al límit els recursos minvants i acumulant reserves, també de carbó.

Per exemple, Espanya. A més a més de la reobertura de mines que es consideraven exhaurides —per exemple, mines pobres d'urani, que també tindria el pic d'extracció previst poc després de 2025, tal vegada 2030—, el mateix dia que començava la COP a Madrid, a Sevilla començava la recerca de petroli amb la tècnica del *fracking*, altament nociva. Una mostra més de les intencions d'explotar els hidrocarburs i tots els recursos estratègics, fins al darrer moment sense que importi el CO_2 emès, les conseqüències sobre la biosfera i sobre els éssers que l'habiten.

Però anem als límits, al fins quan. L'Agència Internacional de l'Energia explicava en el seu informe anual de 2018 que, fins i tot amb el *fracking* nord-americà, el 2025 hi haurà un dèficit d'uns 13 milions de barrils diaris (Mbd) sobre la demanda, que estaria per sobre dels 100 Mbd aquell any i al voltant dels 106 Mbd el 2040.

És sorprenent que no se'n parli en l'informe de 2019, com assenyala Antonio Turiel, científic titular a l'Institut de Ciències del Mar del CSIC i autor del reconegut blog *The Oil Crash*. Sosté Turiel en les previsions que fa per 2020 i a manera de tendència:[7] "Les múltiples tensions financeres acumulades en el sector del *fracking* i la general desinversió a la resta del sector de producció d'hidrocarburs líquids faran que la producció de petroli caigui per sota de la demanda i que el 2020 es produeixi el primer dels pics de preus que l'Agència Internacional de l'Energia no preveia —a 2018— fins a 2025". I afegeix: "El preu del petroli superarà els cent dòlars per

[7] https://crashoil.blogspot.com/2019/12/predicciones-para-2020.html.

barril i arribarà a cent vint. En tot cas i abans de final de l'any, el preu oscil·larà als voltants dels vuitanta dòlars per causa de la destrucció d'oferta i demanda".

Pedro Prieto, vicepresident de l'Associació per a l'Estudi dels Recursos Energètics, membre del Consell Internacional d'ASPO i de Científics pel Medi Ambient, enginyer tècnic de telecomunicacions, publicava a la revista *15/15\15* un estudi en el qual creuava les dades de les exportacions netes de petroli mundial disponible en el període 2000-2017 amb les necessitats d'importació de petroli dels països amb capacitat militar nuclear i, per tant, d'imposar la seva voluntat, en l'interval 2018-2030.

Oblidant-se —cínicament, diu ell— de les persones que habiten territoris amb governs desarmats nuclearment (4.000 milions) l'objectiu perseguit era, i és, saber quan els estats nuclearitzats bregaran entre ells per assegurar-se el subministrament de petroli que els cal per mantenir el seu model de societat, i tindran la temptació d'emprar les bombes atòmiques per aconseguir-ho: "Donat que no hi ha petroli per a tothom, et toca a tu quedar-te'n sense". Pedro Prieto vaticinava que aquest moment de dur enfrontament, tal vegada guerra, es donarà a 2023.[8]

No deu anar molt errat Pedro Prieto si tenim en compte les recomanacions de l'exèrcit dels Estats Units per a fer front al canvi climàtic, publicades a *Catalunya Plural* sota el títol "Capitalisme *manu militari*".[9] L'estudi fou encarregat pel general Mark Milley abans de ser nomenat cap de la Junta d'Estat Major pel president Trump el mes de maig de 2019, i porta per títol *Implications of Climate Change for the US Army*. En cap moment es reconeix l'ori-

[8] https://www.15-15-15.org/webzine/2018/10/25/ejercicio-practico-para-escepticos-del-peak-oil-2a-parte-propuesta-de-solucion/.
[9] https://catalunyaplural.cat/ca/capitalisme-manu-militari/.

gen antròpic de l'emergència climàtica ni l'origen, principalment, en l'ús de les energies fòssils que continuen sent objecte del desig.

En el document es formula l'expansió i la intervenció permanent de l'exèrcit dins i fora del territori nacional dels Estats Units com a necessària, davant del risc que certs sectors com el de l'aigua, l'alimentari o l'energètic, poguessin col·lapsar. I rebla: el propi exèrcit també pot col·lapsar —manca d'energia i materials, suggerim nosaltres— si no s'adopten reformes urgents.

També apunta uns quants eixos estratègics que faran "indispensable" la seva intervenció, sense mostrar cap empatia per a les persones afectades: el control de l'Àrtic, de les noves vies de comunicació que s'obren i dels recursos energètics que conté, en especial els hidrocarburs; la disminució de l'aigua dolça disponible; els processos migratoris massius per l'alça del nivell del mar a zones nuclearitzades, com ara Bangla Desh.

Igualment remarca que als Estats Units la majoria de les infraestructures crítiques no estan fetes per resistir les alteracions que causarà el canvi climàtic. Per exemple, la caiguda de la xarxa elèctrica, envellida i sense inversions, en un termini màxim de vint anys, o la situació de les noranta-nou centrals nuclears, un 60 % de les quals són vulnerables per estar en zones de risc, ja sigui per tempestes severes, escassetat d'aigua per a refrigerar-les o per estar a prop del mar.

EL 'XOC' ENTRE EL 2023 I EL 2025

A 2018, l'Agència Internacional de l'Energia situava el dèficit de subministrament de petroli a data de 2025. Pedro Prieto estableix el 2023 com a inici de la possible brega entre països per assegurar-se el petroli.

Es preveu cap a 2025 una resposta política contundent, aspre, desordenada i tardana

I els "mercats", què hi diuen? *Inevitable Policy Response* (IPR) és un *think tank* format per 500 gestors de carteres que, amb el suport de l'ONU, volen preparar els inversors per assumir els riscos associats a l'emergència climàtica. En l'informe *Policy Forecasts*[10] diuen que les accions dels governs per combatre el canvi climàtic són altament insuficients si es volen assolir els Acords de París. Serà inevitable que els governs es vegin forçats a actuar de forma decisiva i abrupta a causa del canvi climàtic. I la pregunta no és si actuaran, si no quan, quines polítiques aplicaran i on es faran sentir.

L'IPR preveu cap a 2025 (Tercera ronda climàtica) una resposta contundent, aspre, desordenada i tardana de polítiques que pertorbaran els mercats i tindran implicacions importants per a l'economia i la societat a curt termini. També estableix un període de decisions que començaran a 2023, quan se celebrarà la primera revisió de la implementació dels Acords de París, i recomana als inversors actuar des d'ara mateix.

A l'IPR li preocupen les catàstrofes derivades del canvi climàtic, les pressions socials i electorals, els problemes derivats de l'alimentació, l'energia i les inquietuds derivades de la [mal] dita seguretat nacional. Si fa no fa, el mateix desfici que a l'exèrcit dels Estats Units, la qual cosa mostra la coincidència d'interessos entre mercats i uniformats.

La gran pregunta és si l'IPR anticipa el futur o si, com és de témer, converteix en profecia una decisió ja adoptada, que coneix perfectament i de la qual informa de manera interessada i indirecta

10 https://www.unpri.org/inevitable-policy-response/the-inevitable-policy-response-policy-forecasts/4849.article.

adreçant-se al seu nínxol de negoci tot mirant de no aixecar sospites. Una forma d'assegurar el negoci tot creant l'ambient propici, qualificant-lo d'inevitable.

EPÍLEG: ACAPARAR-HO TOT

De tot plegat es dedueix la intenció dels poders polítics i financers dominants de deixar per més endavant qualsevol mesura que sigui de debò efectiva contra l'emergència climàtica i que pugui alterar el funcionament del sistema econòmic. De cap manera es vol aturar, amb honorables excepcions, el procés de transferència de riquesa i despossessió de les classes populars cap els rics. No importen ni les desigualtats ni la inequitat. El gran capital vol deixar passar el temps, esprémer la capacitat d'acumulació i assegurar la implementació i el control dels nous nínxols de negoci "verds" per part de les transnacionals/poders financers/oligarquia dirigent i només actuar quan no hi hagi més remei.

Aleshores, amb totes les manifestacions de la crisi ecològica, econòmica, energètica i social exacerbades, i fent por amb les conseqüències de la inacció climàtica, s'aplicaran mesures contundents, es demanarà sacrificis a la ciutadania culpant-los de tots els mals, per allargar tant com es pugui els privilegis d'un sistema econòmic, el capitalisme, que esgota el seu temps. Seran mesures de *xoc climàtic* amb la intenció de bloquejar la ciutadania i evitar la seva organització i resposta. Sacrificis per a la ciutadania. Negocis per a les classes dirigents. En nom de prioritzar la protecció del planeta, carregar-se el benestar per no perdre el control ni redistribuir la riquesa. I li diran com vulguin però no serà altra cosa que capitalisme en la seva versió més excloent, agressiva i destructora que pot arribar a ser ecofeixisme.

Ve una crisi econòmica per escassetat de recursos que farà caure les emissions de CO_2 però no serà prou perquè la temperatura no pugi més d'1,5 °C. No sabem si fins a la fatídica frontera dels 1,7 °C, la pitjor dels 2 °C, o ves a saber fins a on si perdura la inacció. La ciutadania ha de comprendre que no es pot parar el canvi climàtic encara que aturem totes les emissions ara mateix. Però sí podem no agreujar-lo i adaptar-nos amb transformacions profundes del model socioeconòmic i cultural. I per aconseguir-ho cal forçar els poders econòmics i polítics a actuar ara mateix. Anem, tant si volem com si no, postil·la Antonio Turiel, a una situació de decreixement de la base material que sustenta la nostra civilització, des dels combustibles fòssils fins als materials, derivada de la finitud del planeta. Cada cop en tindrem menys i haurem d'aprendre a viure amb menys. La resposta, activa i preventiva, està a les mans de la ciutadania. Nosaltres decidim si ens sotmetem o si ens organitzem i actuem abans no sigui massa tard. Vet aquí la magnitud del desafiament.

Clima i pandèmia: la suma d'emergències

A escala planetària la temperatura mitjana ha pujat 1,25 °C des del període preindustrial. I superarà els +1,5 °C al voltant del 2030. Si no es fa res s'arribarà a +2 °C abans de mitjans de segle. A Catalunya, la mitjana ha pujat gairebé 2 °C des del període preindustrial, preveient que s'assoleixi +3 °C cap al 2040. Som víctimes d'una pandèmia, la biosfera no para d'escalfar-se i el 2020 ha estat, globalment, l'any més càlid de la història, empatat amb el 2016. Estem posant les bases d'un nou estadi climàtic hivernacle, menys habitable en general, que convertirà en inhòspites moltes parts del planeta (ja està passant), i farà la vida més difícil a totes.

LA SALUT DEL PLANETA LLENÇA NOUS CRITS D'AUXILI

Vivim temps contradictoris. Les receptes contra les diferents crisis que conformen l'emergència global que vivim s'oposen les unes a les altres i amenacen d'anihilar-se. També les necessitats que ens apressen xoquen per antitètiques, com els coneixements que sustenten les nostres vides i els que ens farien falta per viure d'una altra manera i assolir un nou estat de benestar. Matèria i antimatèria a punt de xocar i desencadenar un col·lapse planetari: econòmic, ecològic, de salut global (figura 1).

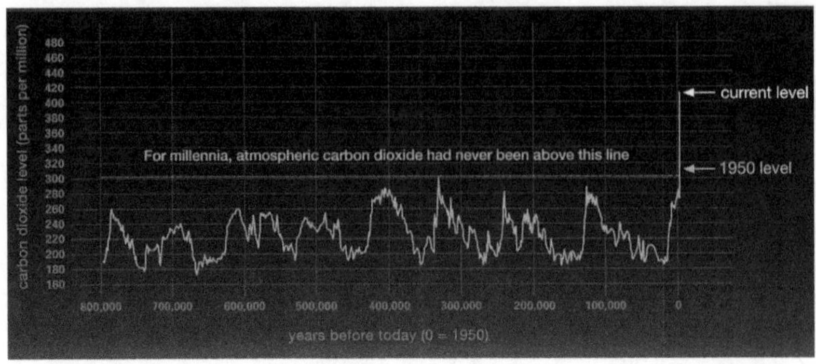

Figura 1. Aquest gràfic, basat en la comparació de les mostres atmosfèriques contingudes als nuclis de gel (vegeu https://icecores.org/about-ice-cores) i els mesuraments directes més recents, aporta proves que el CO_2 atmosfèric ha augmentat des de la Revolució Industrial. (*Fonts:* Luthi, D., *et al.* 2008; Etheridge, D.M., *et al.* 2010; dades del nucli de gel de Vostok/J.R. Petit *et al.*; registre de CO_2 de la NOAA a Mauna Loa.)

Recuperar el creixement reclamat per la majoria de persones com a salvavides de la inequívoca crisi socioeconòmica que patim, creixement convenientment anomenat (el llenguatge importa) "recuperació de la normalitat", és la pitjor solució per a la crisi global que ja ens amenaçava abans de la pandèmia . Al capdavall, és la normalitat que ja habitava entre nosaltres la que ens ha portat fins aquí.

Som víctimes d'una pandèmia, la biosfera no para d'escalfar-se i el 2020 ha estat, globalment, l'any més càlid de la història, empatat amb el 2016. I el 2021 comença amb un mes de gener que, mentre a l'Àrtic la temperatura s'ha situat 20 °C per sobre de la mitjana,[1] i a Grècia han viscut una onada de calor amb Atenes a 22 °C i Creta a 28 °C —temperatures que van portar la gent a la platja— a Espanya, país també mediterrani, s'han produït onades de fred i nevades

[1] https://www.severe-weather.eu/global-weather/arctic-circle-unusual-temperature-wave-january-2021-fa/.

històriques, compatibles amb el canvi climàtic, que han col·lapsat la capital i han causat temperatures extremes de fins a –25 °C. Un bon exemple del que ha de venir i cal preveure.

A Catalunya, on la previsió tampoc no abunda, tempestes cada cop més fortes colpegen any rere any el litoral, s'emporten platges, deterioren infraestructures costaneres i es mengen el delta de l'Ebre, un territori que expressa perfectament el que suposa el canvi climàtic associat a la mala gestió del riu (falta de cabal ecològic —excés de regadiu— i manca de sediments retinguts als embassaments).

Si mirem al sud global, observem com augmenten els processos migratoris a causa del canvi climàtic (més de 25 milions de persones desplaçades el 2019 per ciclons, tempestes, inundacions, lliscaments, sequeres, incendis forestals, pèrdua de territori per l'avenç del mar), guerres pels recursos i la seva explotació en benefici dels països rics (extractivisme, apoderament energètic, esgotament de la pesca) que són, a més, els principals responsables de les emissions de gasos amb efecte hivernacle (GEH).

Segons Oxfam, el grup de països qualificats per Nacions Unides com a menys desenvolupats, que inclou els 47 més pobres del planeta i amb menys desenvolupament humà, només és responsable d'un 0,8 % de les emissions totals de GEH. En canvi, des del 1960, el 50 % del CO_2 expulsat a l'atmosfera prové de països industrialitzats membres de l'OCDE.

La crisi global, doncs, està lligada al consum excessiu, derivada d'un estil de vida ric de persones que habiten països rics (no totes, perquè la desigualtat i la despossessió estan augmentant també al nord global). Resultat:[2] 46 milions de desplaçats a altres

[2] https://news.un.org/es/story/2020/06/1476202.

àrees dels seus propis països del sud global i fins a 80 milions de persones que han hagut d'abandonar el seu lloc de naixement. I augmentant.

Socialment, tot això suposa més diferències socials, més exclusió, que els rics siguin més rics i els pobres més pobres (antigues classes mitjanes incloses) i, en definitiva, més desigualtats, més despossessió i menys equitat. Desavantatges, tots ells, evitables. Més aguditzats al sud i cada vegada més quotidians i durs al nord.

L'EFECTE HIVERNACLE

Créixer, tal com es preveu a les polítiques empeses pel sistema econòmic vigent, significa reactivar l'ús de les energies fòssils i suposa abocar més quantitat de substàncies que, per si soles o per reaccions químiques, contaminen i escalfen la biosfera: litosfera (vivim a la superfície emergida de la capa sòlida més externa), hidrosfera (totes les aigües) i l'atmosfera (gasos que envolten la Terra i d'on obtenim l'aire per respirar), i tots els organismes vius. I maten prematurament.

La prova la tenim al G20 (80 % de les emissions mundials) que ha decidit dedicar, des del començament de la covid-19 fins ara, 241.820 milions de dòlars al foment de les energies fòssils, per tan sols 187.550 milions per a les renovables. Un total de 52,74 dòlars per càpita per a energies fòssils, sense cap condició limitadora, davant de tan sols 40,90 per a renovables[3] (3) (figura 2).

Les partícules (PM2,5 —les pitjors— i PM10), l'ozó troposfèric (O_3), els òxids de nitrogen (NOX) i diòxid de sofre (SO_2), que es

[3] https://www.energypolicytracker.org/region/g20/.

generen en cremar combustibles fòssils, contaminen l'atmosfera i, en afegir-se a l'aire que respirem, causen la mort prematura i evitable d'entre mig milió i 800.000 persones a Europa (30.000 a Espanya). Al món, on nou de cada deu persones respiren aire contaminat, només les partícules fines (PM2,5) causen set milions de morts abans d'hora. L'excés d'ozó troposfèric mata entre 1.500 i 1.800 persones cada any a Espanya. A Catalunya, afecta més de la meitat de la població i el 90 % del territori. En aquest sentit, és molt revelador l'estudi d'ISGlobal sobre la contaminació a les ciutats i morts evitables.[4]

Els GEH han estat sempre presents a l'atmosfera i de manera natural. Són transparents a la llum solar: la radiació passa majoritàriament a través de l'atmosfera i escalfa la superfície de la litosfera, energia que després emet parcialment en forma de radiació tèrmica. Els GEH acumulats impedeixen que l'energia torni a l'espai exterior, en absorbir-ne una bona part i remetre-la en totes direccions, escalfant així la superfície de la Terra i els oceans: és l'efecte hivernacle.

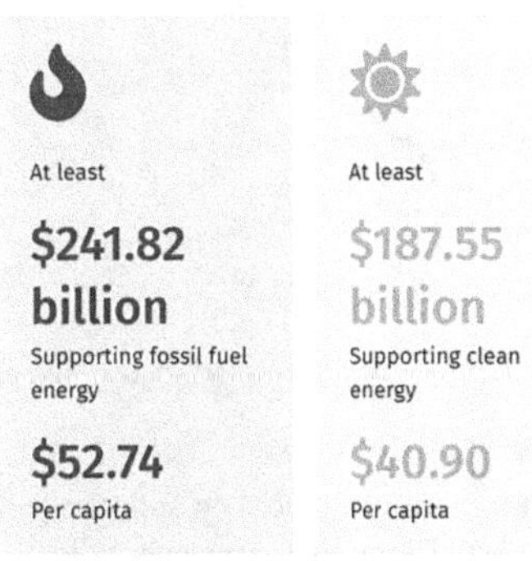

Figura 2. Des del començament de la pandèmia de la covid-19 a principis de 2020, els governs dels països del G20 han compromès almenys 484.820 milions de dòlars per donar suport a diferents tipus d'energia a través de polítiques noves o modificades, segons fonts governamentals oficials i altra informació disponible públicament.[5]

[4] https://www.isglobal.org/-/un-estudio-muestra-las-ciudades-europeas-con-mayor-mortalidad-relacionada-con-la-contaminacion-del-aire.
[5] *Íbid.*

En cremar combustibles fòssils, aboquem més GEH a l'atmosfera (diòxid de carboni, metà, gasos fluorats o ozó troposfèric) que se sumen a les emissions naturals –entre elles el vapor d'aigua– i alterem l'equilibri que ha permès la vida tal com la coneixem, harmonia sustentada en els acollidors 15 °C de mitjana de l'atmosfera inferior (figura 3).

Tot i la disminució de CO_2 derivada de la baixa activitat econòmica causada per la pandèmia (un 7 % aprox.), els índexs de concentració de CO_2 a l'atmosfera han continuat pujant[6] i el gener de 2021 és de 2,20 ppm superiors a fa un any (+0,53 %). El moment més alt va ser el dia 1 de juny del 2020, amb 418,32 ppm.

Recordem que el Programa de Nacions Unides per al Medi Ambient (PNUMA), a l'informe sobre la disparitat de les emissions, presentat el novembre de 2019, recomanava, per evitar l'augment d'1,5 °C de la temperatura mitjana del planeta, que les emissions

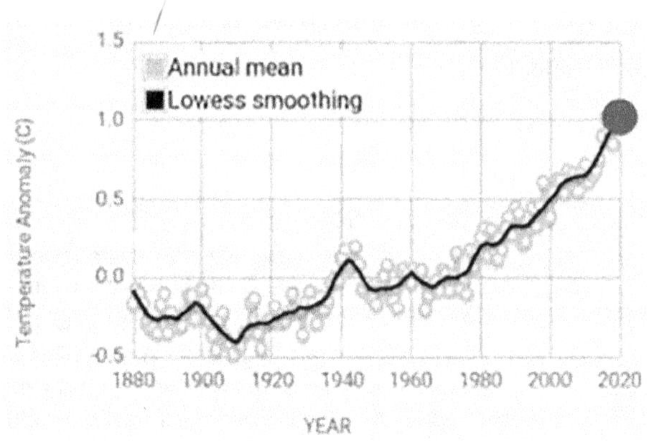

Figura 3. Aquest gràfic il·lustra l'evolució de la temperatura global en superfície respecte de les temperatures mitjanes de 1951-1980. Dinou dels anys més càlids s'han produït des del 2000, amb l'excepció del 1998. (*Font:* NASA/GISS.)

6 https://news.un.org/es/story/2020/12/1485312.

s'havien de reduir un 7,6 % cada any fins al 2030, i que ha calgut un any com el 2020, amb l'atur de l'economia per la pandèmia, per aconseguir-ho gairebé.

A la magnitud de l'esforç s'hi afegeixen dificultats objectives per assolir-lo.

Jason Hickel, de la Goldsmiths University de Londres, i Giorgos Kallis, de l'Institut de Ciència i Tecnologia Ambiental de la Universitat Autònoma de Barcelona (ICTA-UAB), van publicar un article a *New Political Economy* titulat «És possible el creixement verd?».[7] I la resposta a aquesta pregunta va ser: no. Argumentaven que si el sistema econòmic vol evitar que la temperatura pugi més de 2 °C, el PIB no pot créixer més del 0,5 % . (Percentatge insuficient per ser considerat creixement.) Però si el que es pretén és evitar l'augment de la temperatura en 1,5 °C, aleshores el decreixement és inevitable (figura 4).

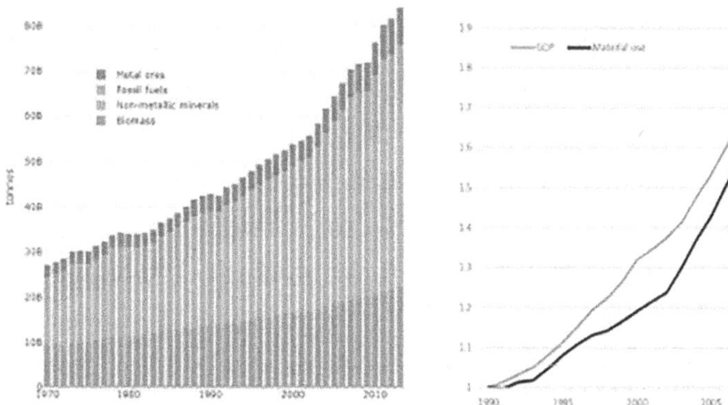

Figura 4. a) Petjada material mundial, 1970-2013; b) canvi a la petjada material mundial comparat amb el canvi del PIB mundial (en dòlars constants de 2010), 1990-2013. (*Font:* Materialflows.net/World Bank.)

[7] https://www.tandfonline.com/doi/abs/10.1080/13563467.2019.1598964?journal Code=cnpe20.

L'any 2020 ha culminat el decenni més càlid des que es disposa de registres. Ara, la temperatura de la biosfera és 1,25 °C més alta que la mitjana de l'era preindustrial (mitjana 1850-1900). Si calculem que la temperatura puja un 0,25 °C cada decenni, estem, com a molt, a una dècada de superar l'augment d'1,5 °C que mai no s'hauria d'excedir. I a dues dècades de superar els +1,7 °C, punt que l'Informe Especial de l'IPCC presentat a Incheon, Corea del Sud, el 8 d'octubre del 2018 [apartat D.1,2] assenyalava com a *tipping point*, el punt de no retorn, aquell moment en què es perd la capacitat de revertir els fets: "Si la temperatura excedeix 0,20 °C els +1,5 °C, [és a dir] si arriba a ser 1,7 °C més alta que la mitjana de l'era preindustrial, tornar enrere, revertir-la, suposaria, amb tota probabilitat, un esforç de captura de carboni, econòmica i tècnica, impossible aconseguir". Els +2 °C s'assoliran abans de mitjans del segle.

A Catalunya (no pot ser gaire diferent a Espanya), l'escalfament és molt preocupant. L'any 2020 ha estat el més càlid de la història, empatat amb el 2016. La temperatura ha pujat gairebé 2 °C des del període preindustrial de referència. Diu Marc Prohom, cap de l'Àrea de Climatologia del Servei Meteorològic de Catalunya: "2020 ha tingut una anomalia de temperatura propera als 2 °C respecte a la mitjana del període preindustrial". I no és exagerat afirmar que s'incrementa a un ritme de 0,40 °C el decenni (+3 °C poc després del 2040). Fa por!

Amb molta probabilitat, hem superat els *tipping points*, els llindars que si es depassen alteren l'equilibri de la biosfera, la gota que fa vessar el got, en llenguatge popular, pel que fa al desglaç del permafrost de l'Àrtic, en general, i de Grenlàndia, en particular. L'augment significatiu del nivell del mar és inevitable.

Augmentant com ho estem fent la temperatura mitjana de l'atmosfera i els oceans (absorbeixen el 90 % de la calor addicional derivada de l'abocament de GEH), estem posant les bases d'un nou estadi climàtic *hivernacle*, menys habitable en general, que convertirà en inhòspites moltes parts del planeta (ja està passant), i farà la vida més difícil a tot arreu.

L'ALIMENTACIÓ

"La salut dels ecosistemes de què depenem nosaltres i totes les altres espècies s'està deteriorant a una velocitat mai vista. Estem erosionant els fonaments de les economies, els mitjans de vida, la seguretat alimentària, la salut i la qualitat de vida de tot el món."

Aquestes paraules les va pronunciar Robert Watson, president de la Plataforma Intergovernamental Independent de Ciència i Política sobre Biodiversitat i Serveis Ecosistèmics, IPBES. Són *serveis ecosistèmics* els beneficis que un ecosistema aporta a la societat i que milloren la salut, l'economia real i la qualitat de vida de les persones.

Totes aquestes realitats s'agreujaran, remarca IPBES,[8] tret que s'adoptin mesures per reduir dràsticament la intensitat dels impulsors de la pèrdua de biodiversitat (directament relacionada amb la pèrdua de salut): canvi d'usos de la terra i el mar, explotació directa dels organismes, canvi climàtic, contaminació i ús d'espècies invasores.[9]

[8] https://ipbes.net/news/Media-Release-Global-Assessment.
[9] https://ipbes.net/sites/default/files/ipbes_7_10_add.1_es.pdf.

LA PANDÈMIA I ELS ECOSISTEMES

La pandèmia de la covid-19 té, molt probablement, el seu origen en la mala gestió dels ecosistemes. La colonització de nous territoris posa en contacte els animals amb virus amb què no havien interaccionat. Després, aquests animals infectats contagien el virus als humans.

Delia Grace, epidemiòloga, veterinària i acadèmica de l'Institut de Recursos Naturals de la Universitat de Greenwich, a Londres, és autora principal de l'informe de les Nacions Unides *Prevenint la propera pandèmia: les zoonosis i com trencar la cadena de transmissió*,[10] presentat el juliol de 2020. Delia Grace argumenta que durant l'últim segle han sorgit cada cop més malalties infeccioses: vaques boges, grip aviària, VIH-sida, grip espanyola, i ara la covid-19 (figura 5).

El 75 % ha tingut com a font animals salvatges. I moltes infeccions han arribat als humans usant com a *ponts* animals domèstics molt més nombrosos que els salvatges: pollastres, porcs, remugants i altres tipus de bestiar. La demanda de proteïna d'origen animal —ous, pollastre, carn bovina, peixos— és una de les causes més importants.

La indústria està dominada per uns quants tipus genètics similars. Els animals estan amuntegats i estressats i, en aquestes circumstàncies, el seu sistema immunitari es debilita. A molts països, les mesures de bioseguretat no són bones. "Estem observant una pressió enorme sobre els ecosistemes impulsada per l'augment de població, amb un enorme increment d'indústries extractives", conclou l'informe de Delia Grace. I afegeix: "No n'hi ha prou de tractar els símptomes de la pandèmia, cal investigar d'on ve el problema i, si no ho fem, tindrem més pandèmies".

En joc hi ha la salut de tot el planeta, una única salut basada en la interdependència entre l'activitat humana i els sistemes naturals

[10] https://reliefweb.int/sites/reliefweb.int/files/resources/ZP.pdf.

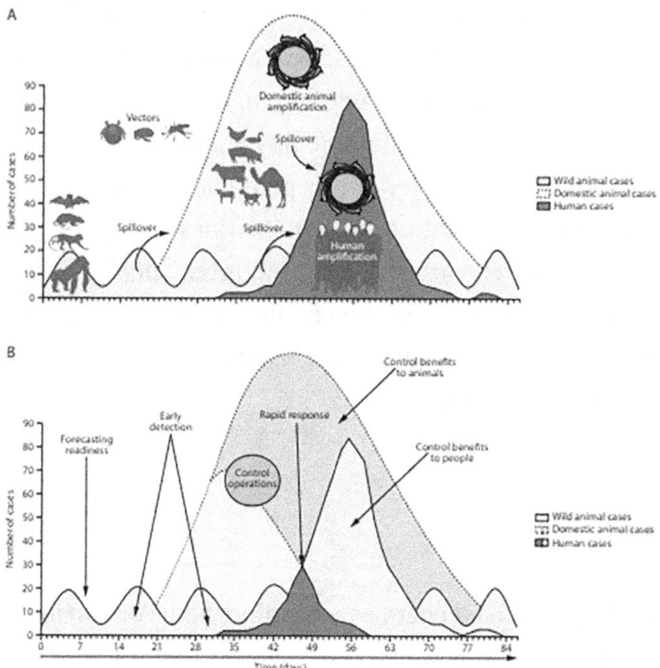

Figura 5. Importància clínica de l'ecologia de les malalties. Els esforços de detecció i control primerencs redueixen la incidència de la malaltia en les persones i en els animals. Les fletxes de desbordament mostren la transmissió entre espècies. (*Font:* Informe ONU citat.)

(aigua, aire, terra, biodiversitat) i el seu impacte en les persones i altres espècies que habiten la biosfera: una salut planetària que estem comprometent.

EL CAPITALISME VERD I LES SEVES PARADOXES

Davant d'un diagnòstic cada cop menys rebatible, davant la possibilitat que acabi sent públic i notori que les energies fòssils et donaven futur però ara te'l prenen, els poders econòmics, polítics, socials europeus, i els que acompanyen Joe Biden, van decidir, per recuperar la iniciativa i donar resposta a les inquietuds de la ciutadania, formular una proposta de somni, l'*European (Green) New Deal*. Una nova forma de capitalisme *no perjudicial*, que es ven com a ecològic, i que dona per fet que es podrà aconseguir la neutralitat d'emissions substituint progressivament les energies fòssils per renovables (baixes en carboni). Ens preguntem, però, ¿és possible aquest tipus de neocapitalisme que proposa la UE, o és una disfressa, un camuflatge de les veritables intencions que amaga, aprofitant l'auge del *Green New Deal*?

QUÈ DIUEN LES DADES

En general, associem les energies renovables amb l'obtenció d'energia ambientalment sostenible. Però, realment ho són?

De totes les matèries primeres que es produeixen al món, Europa en necessita un 20 % i només n'obté un 3 % al seu propi territori (85 % de dèficit de producció). Li falta doncs un 17 % de la producció mundial que *aconsegueix* fora de les seves fronteres. Si a més vol augmentar la fabricació de plaques solars, aerogeneradors, acumuladors d'energia, cotxes elèctrics i altres *necessitats* per fer realitat el *somni verd*, caldrà acaparar encara més materials, minerals i energia procedents dels països productors.

Situem-nos a escala global i fem servir dades tan *oficials* com són les del Banc Mundial (BM). L'11 de maig de 2020, el BM publicava l'informe *Minerals for Climate Action: The Intensity of Mineral of the Clean Energy Transition*.[11] Es descriu què cal per aconseguir la

[11] http://pubdocs.worldbank.org/en/961711588875536384/Minerals-for-Climate-Action-The-Mineral-Intensity-of-the-Clean-Energy-Transition.pdf.

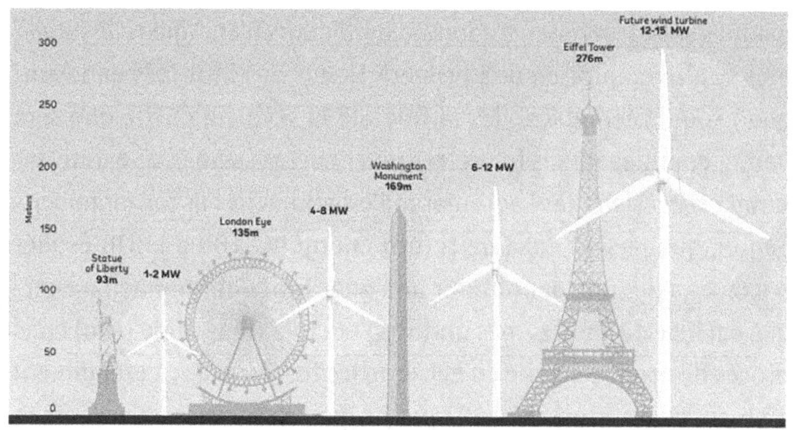

Figura 6. Evolució eòlica. (*Font:* Banc Mundial.)

transició energètica, i detalla quant s'hauria d'augmentar la producció. Calen, s'afirma, 3.000 milions de tones de minerals i metalls estratègics: coure, níquel, cobalt, liti, crom, molibdè, grafit, alumini, indi, ferro, plom, manganès, neodimi, plata, titani, vanadi i zinc, per desplegar la transició a eòlica, solar i geotèrmica (figura 6).

La producció de grafit, cobalt i liti —essencials per a l'emmagatzematge— hauria d'augmentar un 500 % fins al 2050 per fer front a la demanda de materials per a les tecnologies energètiques netes que evitin l'augment de 2 °C de la temperatura mitjana de la biosfera. Preguntem-nos en aquest punt quina quantitat caldria si ens proposéssim al mateix temps, abans del 2050, evitar l'augment d'un 1,5 °C a través d'una substitució de fonts energètiques. Serien molts més materials i minerals, i energia, perquè caldria construir moltes més eines renovables per substituir més de pressa les fòssils.

I tot i així no n'hi hauria prou, perquè hi ha altres inconvenients que contradiuen els arguments que sustenten el capitalisme verd. Primer, que per manipular metalls i minerals amb què fabricar plaques solars, aerogeneradors, acumuladors d'energia renovables, etc., caldrà emprar en una primera fase (i fins i tot més endavant quan toqui reemplaçar-les al final de la seva vida útil), que serà llarga, energies fòssils (d'on treurem l'energia sinó?), que deterioraran els ecosistemes i agreujaran l'escalfament i la contaminació. Segon, que la seva taxa de retorn energètic (TRE o EROI) és més baixa; és a dir, que per obtenir una quantitat determinada d'energia, cal invertir moltes més unitats d'energia (renovable o no) en el procés de producció que en el cas de les fòssils, ja que el rendiment amb fòssils és molt més alt que no pas amb renovables. Tercer, que les renovables depenen de les condicions meteorològiques. Si no es vol perdre part de la producció i fer servir els excedents quan no hi hagi sol o vent, caldrà emmagatzemar l'energia utilitzant hidrogen, piles de combustible, etc. que també s'hauran de fabricar i necessitaran l'extracció i la manipulació de metalls i minerals. I quart, que és impossible electrificar tota l'economia, perquè no totes les activitats es poden fer amb aparells elèctrics. Quin és el percentatge màxim que l'electricitat pot aportar al mix energètic global? Quina quantitat de l'energia consumida en aquests moments es pot produir amb renovables? Argumenta Antonio Turiel, investigador a l'Institut de Ciències del Mar, doctor en física teòrica i autor del prestigiós blog *The Oil Crash*:[12] "Les renovables tenen límits. Quan un analitza amb cura quin és el potencial màxim que ens pot donar la hidroelèctrica, l'eòlica o la solar, es troba que només es pot produir al voltant del 30 % del total de l'energia que avui s'està consumint al món, 40 % com a màxim. En el cas dels biocombustibles de primera generació, encara que uséssim tots els camps del planeta per produir cereals

[12] https://crashoil.blogspot.com/.

destinats a la seva producció, només aconseguiríem generar 15 milions de barrils diaris. És una xifra pobra, si tenim en compte que ara mateix estem consumint una mitjana de 95 milions diaris".

Ergo, ens agradi o no, la transició a les renovables implica decreixement energètic i, en conseqüència, la fi del creixement que és imprescindible per a la perdurabilitat del capitalisme.

EL PROBLEMA ÉS MUNDIAL I ELS DRETS TAMBÉ

Amb aquestes dades a la vista, és evident que la UE, per fer front a la transició a les energies baixes en carboni, haurà d'anar a buscar fora de les fronteres comunitàries encara molts més recursos que fins ara, tot i que es proposi reactivar velles mines abandonades (també a Espanya es reobren buscant minerals/metalls estratègics i energia). Salta a la vista que la UE es veurà obligada a augmentar la seva dependència més enllà del 85 % i el seu acaparament exterior més enllà del 17 % . Així, doncs, per avaluar si de veritat són verdes les polítiques proposades per la UE, caldrà saber, primer, a quin nivell arribarà el dèficit de minerals i metalls (i energia) i si serà suportable; i segon, amb quina petjada ecològica, amb quines condicions es volen obtenir els recursos, amb quines conseqüències socials? Respectant les comunitats amb igualtat/equitat, afavorint la governança dels pobles enfocada a la justícia climàtica, sense discriminacions ni racisme, o com s'ha fet fins ara, amb extractivisme, especulació, empobriment, discriminació, racisme, guerres i necropolítiques genocides?

Per ser verd, no escalfar ni contaminar el planeta, no n'hi ha prou de buscar la neutralitat d'emissions a Europa, sinó que cal que l'energia i els materials que s'importen no duguin a l'esquena una motxilla d'emissions i contaminació (externalització de la

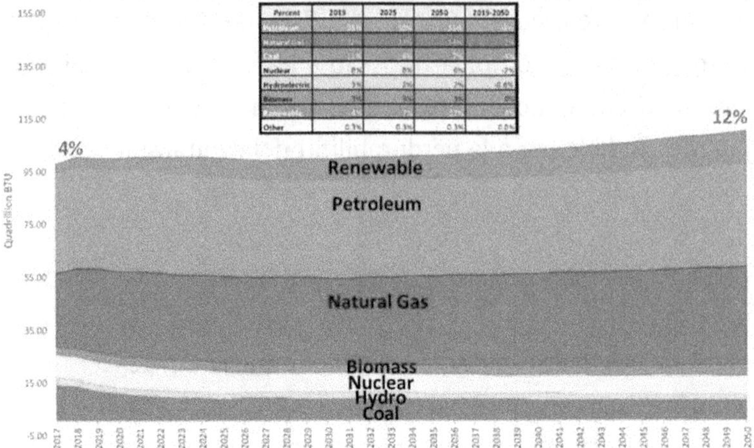

Figura 7. S'espera que les fonts d'energia renovable representin el 12 % de l'ús d'energia als Estats Units el 2050. (*Font:* EIA AEO 2020 i Labyrinth Consulting Services, Inc.)

producció comptabilitzant les conseqüències del consum a països tercers), camuflant la petjada (figura 7). Sense oblidar, a més, que aquests minerals/metalls imprescindibles per a les tecnologies baixes en carboni, a més d'estar sotmesos a l'especulació de les transnacionals (reducció de l'oferta/volatilitat de preus) i a les repercussions geopolítiques consegüents, comporten importants danys ambientals i greus seqüeles socials en la seva extracció (mineria intensiva).

RENOVABLES DISCRIMINATÒRIES

El 23 de novembre de 2020, *Environmental Research* publicava un estudi de la Universitat McGill del Canadà i de l'ICTA-UAB, encapçalat per Leah Temper, i on participa Joan Martínez Alier, un dels investigadors catalans de més prestigi mundial. L'estudi mapeja 649 casos de moviments socials de resistència associats a projectes tant de combustibles fòssils com d'energia verda. Moviments que configuren els futurs climàtics: un mapeig sistemàtic de les protestes contra projectes de combustibles fòssils (FF) i energia baixa en carboni (LCE).[13]

L'article científic arriba a les conclusions següents:

"L'evidència posa de manifest que els projectes de baix consum de carboni, energies renovables i mitigació són gairebé tan conflictius com els projectes FF (el 30 % dels conflictes FF i el 26 % dels projectes LCE són d'alta intensitat) i que ambdós tipus de projectes afecten especialment grups vulnerables, com ara les comunitats rurals i pobles indígenes (els pobles indígenes participen en el 58 % dels casos analitzats). Entre els projectes de LCE, es va trobar que l'energia hidràulica era especialment perjudicial per al medi ambient i per a la societat, conduint al desplaçament massiu i a la transformació a gran escala dels ecosistemes. Els incidents de repressió o violència contra manifestants i defensors de la terra es van produir en un terç dels casos, amb respostes violentes més freqüents en conflictes hidroelèctrics, biomassa, oleoductes i extracció de carbó. El 10 % de tots els casos van implicar l'assassinat d'activistes. Els projectes d'energia renovable eòlica, solar i geotèrmica van ser els menys conflictius i van comportar nivells de repressió més baixos que altres projectes. Trobem que els moviments estan impulsats per múltiples preocupacions, el canvi climàtic entre

[13] https://iopscience.iop.org/article/10.1088/1748-9326/abc197.

elles, i les seves reivindicacions i objectius inclouen la localització, la participació democràtica, les cadenes energètiques més curtes, l'antiracisme, la governança enfocada a la justícia climàtica i el lideratge indígena."

Mitjançant els conflictes, les comunitats pretenen informar de manera significativa del règim energètic que ve. Atendre aquestes demandes és essencial per guiar la transició, no sols cap a un futur resistent al clima, baix en carboni i orientat a la suficiència energètica, sinó també cap a un sistema de governança global més just pels béns comuns de l'atmosfera.

"CAL REDISTRIBUIR LA RIQUESA, FOMENTAR L'EQUITAT"

Les renovables no són, doncs, tan verdes com pressuposàvem. Tampoc al món ric en general, ni al nostre país en particular. Les polítiques climàtiques[14] estan augmentant les desigualtats i afavorint la despossessió, suposant la transferència més gran de diners que mai no s'ha vist des dels més pobres cap als més rics.

En aquest sentit, un estudi de Thomas Wiedmann (UNSW Sydney School of Civil and Environmental Engineering), Manfred Lenz (Universitat de Sydney School of Physics), Lorenz T. Keysser (ETH Zürich Department of Environmental Systems Science) i Julia K. Steinberger (Leeds University's School of Earth and Environment)[15] conclou que els ciutadans més rics del món són els responsables de la major part dels impactes ambientals. Qualsevol transició només serà efectiva amb grans canvis als estils de vida. Tot i això, l'impe-

[14] https://www.sciencedaily.com/releases/2017/06/170629142958.htm.

[15] https://www.nature.com/articles/s41467-020-16941-y.

ratiu estructural del creixement de l'economia sistèmica, incita a l'expansió del consum de les societats, economies i cultures existents i inhibeix el canvi social necessari.

La humanitat necessita reconsiderar el paper de l'economia orientada al creixement, el paradigma del consum –que no es pot separar dels impactes ambientals, encara que els consumidors tinguin poc control sobre les decisions que perjudiquen el medi ambient– i del creixement econòmic.

La humanitat necessita reconsiderar el paper de l'economia orientada al creixement

Si de veritat es pretén que la transformació energètica tingui futur i no sigui rebutjada per discriminatòria, és ineludible evitar l'augment de les desigualtats, eliminar els privilegis verds, més ben dit, tots els privilegis i pensar com viure d'una altra manera. És el que es vol de debò, o només són paraules, llenguatge, propaganda?

ELS CIENTÍFICS ADVERTEIXEN: "HEM DE VIURE D'UNA ALTRA MANERA"

Tres propostes d'actuació presentades per científics demostren que sí que es pot actuar i que tan sols cal la voluntat. La conclusió és que qualsevol transició només serà efectiva amb grans canvis als estils de vida.

La crisi que ens pertoca no es resol només substituint unes energies (fòssils) per altres (baixes en carboni), encara que indiscutiblement és imprescindible (figura 8).

En vista del decreixement energètic inevitable derivat de la transició a renovables, cal plantejar-se també si el sistema de vida que estem utilitzant, el que anomenem *estil de vida*, com construïm el nostre present i albirem el futur, és el més adequat per garantir un

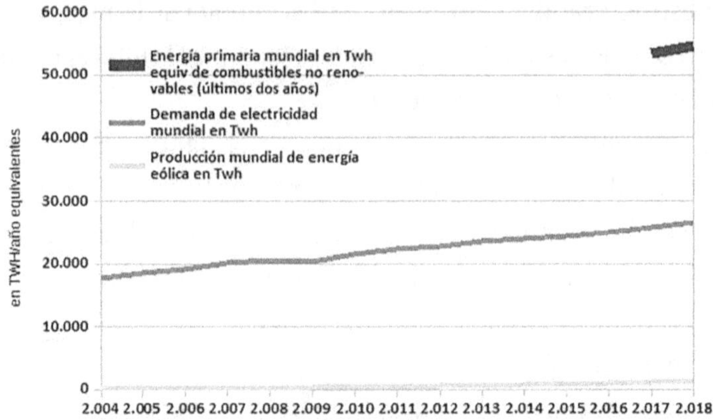

Figura 8. Producció d'energia eòlica respecte del consum d'electricitat mundial i del consum d'energia primària no renovable (fòssil + nuclear) a TWh equivalents. (Dades de l'informe anual de British Petroleum.)

avenir habitable i possible, o per contra cal canviar la manera de viure, de cercar la satisfacció, el benestar, la felicitat.

Per demostrar que no és veritat que no hi ha alternatives possibles, recollim tres propostes llançades pels científics que caldria aplicar des de ja.

ONZE MIL CIENTÍFICS DE TOT EL MÓN: *PER UN FUTUR SOSTENIBLE*

Onze mil científics de tot el món signaven el 6 de juny de 2020 un manifest[16] on s'afirma:

> "La crisi climàtica ha arribat i s'accelera més ràpidament del que esperaven els científics, amenaçant els ecosistemes naturals i el

[16] https://academic.oup.com/bioscience/article/70/1/8/5610806.

destí de la humanitat. [ ] Els científics tenen l'obligació moral d'advertir clarament la humanitat de qualsevol amenaça catastròfica i de dir-ho tal com és [ ].

I aconsellaven:

"Per assegurar un futur sostenible, hem de canviar la nostra manera de viure, de manera que millorin els signes vitals [...]."

Són especialment inquietants: a més de l'augment dels GEH, la desaparició ràpida del glaç, com ho demostra el decreixement del glaç marí àrtic en el mínim estival; la disminució de les capes de gel de Grenlàndia i l'Antàrtica i el gruix de les glaceres de tot el món También la calor absorbida pels oceans; i l'acidesa; el nivell del mar; el clima extrem i els danys derivats... I els possibles punts de no retorn climàtics *(tipping points)*, llindars irreversibles que si es traspassen podrien conduir a una catastròfica *terra que es cou* (figura 9).

El creixement econòmic i demogràfic és un dels principals motors de l'augment de les emissions de CO_2 procedents de cremar combustible fòssil. Necessitem transformacions audaces i dràstiques pel que fa a les polítiques econòmiques i de població. Els científics suggereixen sis passos crítics[17] i relacionats entre ells (en cap ordre particular) que poden fer els governs, les empreses i la resta de la humanitat per disminuir els pitjors efectes del canvi climàtic:

- El món ha d'implementar ràpidament pràctiques de conservació i eficiència energètica massives i ha de substituir els

[17] https://www.scientificamerican.com/article/the-climate-emergency-2020-in-review/.

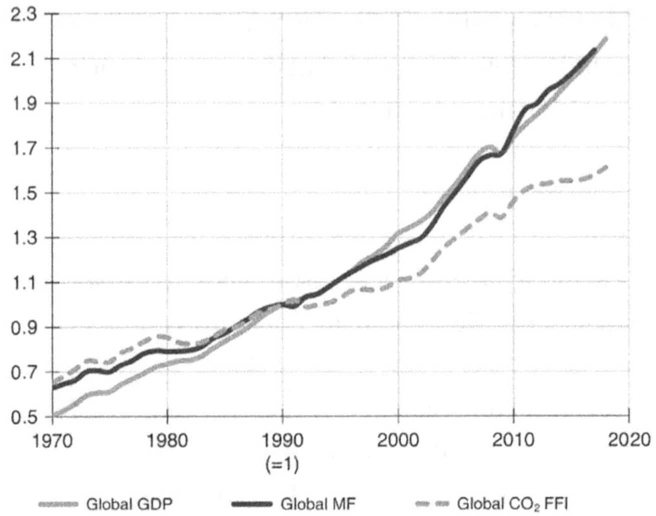

Figura 9. Canvi relatiu dels principals indicadors econòmics i mediambientals mundials entre el 1970 i el 2017. Es mostra com han canviat la petjada material global. (*Font: Scientists' warning on affluence, Nature,* a https://www.nature.com/articles/s41467-020-16941-y.)

combustibles fòssils per energies renovables baixes de carboni i altres fonts d'energia més netes, si són segures per a les persones i el medi ambient.

- Hem de reduir ràpidament les emissions de contaminants climàtics de curta durada, inclòs el metà, el carboni negre (sutge) i els hidrofluorocarbonis (HFC). Fer-ho podria alentir els bucles de retroalimentació climàtica i reduir potencialment la tendència d'escalfament a curt termini en més d'un 50 % durant les properes dècades, salvant milions de vides i augmentant els rendiments de les collites a causa de la reducció de la contaminació atmosfèrica.
- Hem de protegir i restaurar els ecosistemes de la Terra. El fitoplàncton, els esculls de corall, els boscos, les sabanes, les praderies, els aiguamolls, les torberes, els sòls, els manglars i les gramínies ma-

rines contribueixen en gran mesura al segrest de CO_2 atmosfèric. Les plantes marines i terrestres, els animals i els microorganismes tenen un paper important en el cicle i l'emmagatzematge del carboni i els nutrients. Hem de reduir ràpidament la pèrdua d'hàbitat i biodiversitat protegint els boscos primaris i intactes restants, especialment aquells amb altes reserves de carboni i altres boscos amb capacitat de segrestar ràpidament el carboni, augmentant la reforestació i el repoblament, si escau, a escales enormes.

- Menjar principalment aliments d'origen vegetal, mentre es redueix el consum global de productes animals, especialment el bestiar remugant, pot millorar la salut humana, i reduir significativament les emissions de GEH (inclòs el metà a la secció contaminant). A més, això alliberarà les terres de conreu per cultivar aliments vegetals humans molt necessaris enlloc de pinsos per al bestiar, alhora que alliberarà algunes terres de pastura per donar suport a solucions climàtiques naturals. Les pràctiques de conreu, com un cultiu mínim, que augmenten el carboni del sòl són de vital importància. Hem de reduir dràsticament l'enorme quantitat de malbaratament d'aliments a tot el món.
- L'extracció excessiva de materials i la sobreexplotació dels ecosistemes, impulsada pel creixement econòmic, es limitarà ràpidament per mantenir la sostenibilitat a llarg termini de la biosfera. Necessitem una economia lliure de carboni que abordi explícitament la dependència humana de la biosfera i polítiques que orientin les decisions econòmiques en conseqüència. Els nostres objectius han de deixar de banda el creixement del PIB i la investigació s'ha de dirigir cap a la sostenibilitat dels ecosistemes i la millora del benestar humà prioritzant les necessitats bàsiques i reduint la desigualtat.
- La població mundial augmenta aproximadament a vuitanta milions de persones per any, o més de 200.000 per dia. Cal esta-

bilitzar-la i, idealment, reduir-la gradualment en un marc que garanteixi la integritat social. Hi ha polítiques provades i efectives que reforcen els drets humans, alhora que redueixen les taxes de fertilitat i disminueixen els impactes del creixement de la població sobre les emissions de GEH i la pèrdua de biodiversitat. Aquestes polítiques fan que els serveis de planificació familiar estiguin disponibles per a totes les persones, eliminen les barreres d'accés i aconsegueixen la plena equitat de gènere, inclosa l'educació primària i secundària com a norma global per a tothom, especialment les noies i les dones joves.

CSIC: *PER CONSERVAR LA BIODIVERSITAT*

El 13 d'abril del 2020, la publicació *Conservation Letters*,[18] de la Society for Conservation Biology, donava a conèixer un estudi signat per 22 investigadors de 12 països, en què s'afirma:[19]

> "L'augment del consum de recursos i emissions contaminants com a conseqüència del creixement econòmic no és compatible amb la conservació de la biodiversitat. Tot i això, la majoria de polítiques internacionals de biodiversitat i sostenibilitat advoquen pel creixement econòmic."

L'informe proposa canviar les prioritats: partir primer d'objectius de conservació de la biodiversitat i el benestar humà, per estudiar després amb quines trajectòries econòmiques es podrien complir.

[18] https://conbio.onlinelibrary.wiley.com/doi/full/10.1111/conl.12713.
[19] https://www.csic.es/en/node/1250112.

- Limitar la comercialització de recursos a l'abast internacional. Es reduiria així l'extracció de recursos i l'expansió d'espècies invasores.
- Restringir l'activitat de les indústries extractives en àrees de biodiversitat elevada i retirar-los els subsidis, per evitar pèrdua i fragmentació d'hàbitats. Moratòries d'extracció en regions altament sensibles.
- Reduir l'expansió de grans infraestructures. Reexaminar si calen nous aeroports, embassaments o autopistes.
- Reduir la setmana laboral i repartir la feina.
- Fomentar el desenvolupament agroecològic i la sobirania alimentària. Afavorir el suport governamental als sistemes agrícoles sostenibles i als aliments locals i ecològics.
- Prioritzar una planificació urbana compacta i l'ús compartit d'habitatge. Promoure l'ús eficient del sòl mitjançant solucions integrades d'habitatge col·lectiu, el control dels lloguers i la limitació del sòl disponible per a la urbanització i expansió periurbana. Reduir la pressió de la urbanització sobre els sòls agrícoles periurbans.
- Informar sobre l'impacte que la producció té sobre la diversitat biològica. Gravar la publicitat que fomenti la sobreexplotació de les espècies i els sòls.

UNIT BIOS HÈLSINKI: "CAL ABANDONAR ELS COMBUSTIBLES FÒSSILS"

En una línia similar però més sintètica, es va expressar Paavo Järvensivu, economista biofísic de la Unit Bios d'Hèlsinki[20] quan li vam

[20] https://bios.fi/en/dashboard-for-transition-politics/.

preguntar quines actuacions prioritàries s'haurien de dur a terme sense dilació.

En va esmentar tres:

- Escalfar i refredar cases i produir electricitat sense cremar carbó ni cap altre combustible fòssil.
- Transportar persones i mercaderies sense cremar petroli ni cap altre combustible fòssil.
- Produir aliments de manera que el terra es regeneri en lloc d'erosionar-lo.

Per aconseguir aquests propòsits cal ineludiblement reflexionar sobre els diners.

COM ES FABRIQUEN ELS DINERS

Per què la creació de diners –l'element material més important de la vida social– és un negoci en mans d'entitats alienes a l'escrutini ciutadà –banca comercial– i no un bé públic subministrat per l'Estat?

Un 96 % dels diners els fabriquen els bancs privats quan concedeixen un crèdit. Els diners prestats no existeixen prèviament, es creen del no-res, d'un mer apunt comptable: s'apunta i ja *existeix*. Sí, són els crèdits els que creen els dipòsits i no al revés. Els crèdits no surten de dipòsits financers. Els estalvis són molt inferiors als diners prestats.

Qui té el poder, doncs, de crear els diners, és a dir, el deute –perquè s'ha de tornar– és qui té, en conseqüència, el poder social. Els bancs, doncs, en crear els diners tenen el poder de decidir a qui deixen, en quina quantitat, a quin interès, amb quant de temps per tornar-los, i per fer què i què no. De fet, la pràctica quotidiana demostra que els préstecs es concedeixen als sectors que en donen més benefici. En conseqüència, serveixen, bàsicament, per finançar les activitats més rendibles, més improductives i rendistes, especulatives, i no a l'economia productiva, els emprenedors o les empreses. Això suposa planificar i decidir l'activitat econòmica, que ja no està en mans dels governs.

> Un 96 % dels diners els fabriquen els bancs privats quan concedeixen un crèdit

El resultat és que els poders executius i els legislatius tenen les mans lligades, perquè a tot el món capitalista la facultat de crear diners ha estat atorgada als bancs centrals, independents i per sobre dels governs, i a la banca privada/comercial, que crea diners a través del deute i a la qual s'han de dirigir els governs per demanar diners i endeutar-se. I si els governs no fan el que vol el poder financer, llavors les agències de qualificació, a mans de mercats/elits, no dubten a dinamitar-los, pujant la prima de risc per encarir el finançament, i culpar els governs de mala gestió.

Els governs poden fer front a la transformació descrita en aquest capítol, obligats com estan a obtenir els diners en els mercats financers?

Sense la capacitat de fabricar diners i decidir les polítiques públiques, els governs poden oposar-se al capitalisme verd que impulsen Brussel·les i Washington?

El bé comú o l'extremisme capitalista

El futur se'ns mostra sovint. A vegades difuminat, a voltes opac. Però, si mires on toca, perd el camuflatge. El futur, transparent, ens ensenya què hi ha més enllà del límit del temps. La clau de volta per entendre'l, per comprendre el missatge, està en els nostres sentits, que han de deixar passar els senyals que ens arriben, sense alteracions causades per idees preconcebudes. I en la nostra ment, que les ha de saber interpretar lliure de cotilles ideològiques, de veritats absolutes implantades, emancipada.

EL FUTUR

El canvi climàtic causat per l'era de l'hidrocarbur és capaç d'anticipar-nos mostres perceptibles i quantificables del que ens espera. D'assenyalar els efectes més nocius que s'acosten però que alhora ja són aquí en forma d'avançada. I que fan mal, molt de mal.

Físics: ratxes de dies de calor, augment de la insolació, canvis en la fenologia, contaminació, pèrdua de la qualitat de l'aire, augment incontrolat de les temperatures, del nivell del mar, desglaç, destrucció dels hàbitats, de la biodiversitat, radicalització dels fenòmens atmosfèrics, focs forestals cada cop més violents que es mouen a una gran velocitat i amb capacitat per modificar el clima local.

I socials: morts prematures, noves malalties, acumulació de la riquesa en poques mans, augment de la pobresa, de les desigualtats. Destrucció/negació de l'equitat, dels drets humans, de la vida digna. Discriminacions per lloc de naixement, procedència, classe social, gènere. Pèrdua de salut col·lectiva, pública.

Manifestacions que en el futur seran encara més radicals. Fets que en el present són prou significatius per evidenciar els senyals d'alerta. Presències del futur per fer sonar les alarmes.

L'EVOLUCIÓ

El canvi climàtic ens brinda l'oportunitat d'evolucionar. Analitzar les seves causes ens indica el camí. Sabem del cert que a Catalunya la temperatura haurà augmentat com a mínim 2 °C de mitjana respecte a l'any 1950, abans del 2040, probablement cap al 2030 (mínim +2,4 °C a mitjan segle). Que, arreu, abans de mitjan segle, la temperatura haurà augmentat 2 °C de mitjana, topall que els acords de París diuen que no s'ha de superar de cap manera. I, si no aturem l'emissió de gasos immediatament i arreu, correm el risc d'arribar a +4 °C bastant abans de final de segle, amb conseqüències fatals (i els +6 °C, el col·lapse, ensenyant les urpes a l'horitzó). Uns fets que no són sobrevinguts ni sobtats, que estan passant i acceleradament des de fa temps: des que aboquem gasos amb efecte d'hivernacle a l'atmosfera per construir el futur imperfecte del qual gaudim. Tenim l'oportunitat de crear el paisatge resilient de demà.

Tenim l'oportunitat de crear el paisatge resilient de demà

Un foc forestal de nivell alt crema a una contrada de Catalunya. Una urbanització enclastada en la natura està amenaçada. Molts boscos de Catalunya estan fora de rang climàtic: són boscos d'altres temps que necessiten evolucionar, i el millor camí és el foc. I cremen amb una intensitat inusitada.

Un cop salvades les persones, els bombers han de decidir si prioritzen la defensa de la urbanització, de les propietats privades, o atenen l'interès general del país i "ajuden" que el foc modifiqui el bosc i s'adapti a les noves condicions climàtiques. Els bombers no tenen prou efectius —no en té cap país del món— per respondre als dos problemes.

Què fer, es pregunta Marc Castellnou Ribau, cap de l'Àrea del Grup d'Actuació Forestal (GRAF) dels Bombers de la Generalitat de Catalunya. Combatre el foc o entendre'l? Les flames no són sempre un enemic. El paisatge ha de canviar; no podem ancorar-nos en el passat. La preferència no ha de ser apagar les flames: ha de ser gestionar l'emergència de manera que el paisatge que quedi per a demà sigui molt més segur, divers i resilient, amb capacitat per sobreviure al que vindrà. Però no podem fer-ho sempre. La prioritat obligatòria és, salvades les persones, defensar la propietat privada. Quan ho fem, no podem controlar el foc amb visió de futur i renunciem a l'ocasió de mudar el bosc, que és de tota la ciutadania.

Bé comú, interès general o propietat privada?

No som en un procés defensiu: som en un procés creatiu.

L'evolució del bosc i del foc per causa del canvi climàtic ens demostra que hem de canviar de paradigma. De la defensa de l'interès privat s'ha de passar a la recerca del bé comú. Els canvis, les transformacions, no són fàcils d'assolir. Les decisions estan condicionades per un consens general en el qual la propietat privada està per davant de la visió i la missió de futur. El benefici immediat per davant de l'oportunitat col·lectiva. Un marc cultural que prioritza la propietat personal. Una concepció de l'univers creada de manera interessadament egoista, que individualitza i evita, si no prohibeix, debats imprescindibles. Que escurça la mirada. Que impedeix veure el bosc complet, albirar el futur que s'atansa. Una cosmovisió que combat el pensament crític, les opcions discrepants. Una esfera de dominació on els resultats interessats, malintencionadament previstos —també els electorals—, prevalen per sobre de la creativitat previsora, de la prevenció, dels béns comuns.

LA HUMANITAT DE L'HIDROCARBUR

Les energies fòssils, en especial el petroli, han subministrat l'energia que ha fet possible el creixement econòmic —molt mal distribuït— sense precedents en la història de la humanitat. I aquest creixement ha disparat la demografia, la població mundial, la majoria víctimes dels pèssim repartiment. A primers del segle XIX no s'arribava als 1.000 milions d'habitants. El 1850, data en què se situa l'inici del càlcul d'augment de la temperatura, érem 1.263 milions. A començament del segle XX, 1.650. El 1950, acabada la Segona Guerra Mundial, 2.500. Ara som 7.500 milions.[1] 5.000 milions de persones més i en menys de setenta anys.

Hem consumit en menys de dos-cents anys una gran part de l'energia acumulada en un llarg procés geològic de 4.000 milions. El resultat ha estat el desenvolupament capitalista amb la seva "torna": el retorn a l'atmosfera dels gasos procedents de cremar energies fòssils —diòxid de carboni, òxids de nitrogen, metà—, causants de l'efecte d'hivernacle i de la contaminació que ens mata. És fàcil culpar els gasos amb efecte hivernacle (GEH) de tots els mals i centrar la lluita contra el canvi climàtic en la reducció de les emissions. És un error greu. Els GEH no són ens autònoms autocreats, sinó

[1] Consulta de dades en temps real a: https://countrymeters.info/es/World.

la transpiració del metabolisme capitalista, la seva conseqüència. La responsabilitat recau, doncs, sobre el sistema econòmic que ha evolucionat d'esquena al planeta, als seus ecosistemes, a totes les espècies. Que ha prioritzat la seva perduració en detriment de la sostenibilitat de l'hàbitat que ens fa viables. I que en nom de la prosperitat ha enverinat el planeta. Totes, complaents, hi hem col·laborat. Un cop més, el gaudi immediat, la mirada curta, la felicitat immediata.

Ara la "civilització" de l'hidrocarbur topa amb dos impediments, dos obstacles més que probablement insalvables: l'augment de la temperatura, que amenaça la supervivència i obliga a renunciar especialment al petroli, i l'escassetat energètica i en general dels recursos que, agradi o no, s'esgoten i toquen a menys per persona.

ELS DRETS

Els drets són iguals per a totes, i totes tenim els mateixos drets: els 7.500 milions de persones que habiten la Terra. Del nord i del sud. De l'est i de l'oest. Siguin del color que siguin. Del gènere que siguin. I aquí rau la contradicció sistèmica. El capitalisme està basat en el creixement permanent i la 'multiplicació', fins a l'infinit, dels beneficis. Una idea motor que es contradiu amb els límits físics del planeta i dels recursos. Si la població mundial creix i els recursos es redueixen, què ens fa pensar que totes hi tindrem accés? El capital ha resolt la contradicció explotant primer les persones i discriminant-les després. Decidint quines tenen l'oportunitat d'estar dins del sistema i quines no. I culpant-les. Cada crisi causa —intencionadament— un augment de les exclusions. Primer fou al sud. Des del 2007-2009, també al nord. Un darrer informe del Banc d'Espanya ens diu que, si es comptabilitzessin les hores no treballades per aquelles persones que ho volen fer a temps complet, l'atur se situaria quasi en el 30 %. L'equació s'hauria de repetir en països capdavanters de l'austeritat com Alemanya. L'acumulació de diners i de capital en poques mans és cada cop més insultant. El català més ric té la mateixa renda que 150.000 famílies. Tres persones tenen tanta riquesa a Espanya com el 30 % més pobre. El 10 % d'espanyols més rics té més de la meitat de la riquesa de tot l'Estat. L'1 % de ciutadans del planeta té tanta riquesa com el 99 % restant. I aquesta escletxa es va eixamplant any rere any.

La darrera discriminació està en marxa tot utilitzant la competència ferotge pels llocs de treball —volgudament— escassos.

DESCARBONITZAR L'ECONOMIA, UNA REVOLUCIÓ

Els acords de París recomanen deixar dues terceres parts de les energies fòssils trobades i viables sota terra. No explotar-les. Renunciaran les multinacionals a un negoci en el qual han invertit, i molt, sense estar obligades a fer-ho? Deixaran voluntàriament els països productors d'aprofitar-se dels pous i de beneficiar-se de la "riquesa" que contenen? Es pot compensar països i empreses si abandonen la producció? De moment, la Gran Bretanya i França han ajornat fins al 2040 la prohibició de cotxes de benzina i dièsel, la qual cosa, encara que presentada com a tal, no és una mesura contundent perquè ajorna més de vint anys la desaparició total d'un dels principals pertorbadors: els cotxes. (Prohibició, d'altra banda, que no ho és estrictament parlant, perquè els acords adoptats a Londres i a París consideren els cotxes híbrids que també usen gasolina.)

Combatre el canvi climàtic significa descarbonitzar l'economia. Abandonar les energies fòssils com a motor central de desenvolupament. Privar l'oligarquia dels vertiginosos beneficis que aconsegueix. Basar el progrés en energies no contaminants, renovables: eòlica, solar, fotovoltaica, hidràulica, geotèrmica, mareomotrius. I renunciar a les nuclears, que no són renovables, contaminen i disposen de cada cop menys cabals —urani molt difícil d'assegurar/defensar— per proveir-se.

LA TRANSICIÓ ENERGÈTICA

La transició energètica és irrenunciable si de veritat volem combatre el canvi climàtic. Tanmateix, no és fàcil de fer. El primer problema apareix quan comparem les taxes de rendiment energètic —molt menors— de les renovables amb les de les fòssils.

> Quina quantitat de renovables es necessitarien per substituir els hidrocarburs i les nuclears?

Quina quantitat de renovables es necessitarien per substituir els hidrocarburs i les nuclears? És possible? Es disposa de materials? La limitació planetària i de les matèries disponibles no convida a l'optimisme: probablement no hi haurà prou materials per aconseguir l'enorme quantitat d'eines renovables que caldria fabricar. Tot indica, doncs, que caldria decréixer. Sabem que és possible viure igual de bé però amb menys energia i, per tant, amb menys consum. Però cal convèncer la ciutadania i tenir la ferma voluntat de fer-ho encara que el preu sigui car electoralment.

Tampoc convida a l'optimisme el preu de la transició energètica, el segon gran problema. Ara com ara, els diners dels quals es nodreixen els governs per obtenir liquiditat i poder finançar els projectes que executen provenen dels impostos i de la banca privada (crèdits, deute públic) propietat de les elits que controlen el sistema. El diner està privatitzat. Més enllà dels bitllets fabricats pels bancs centrals, que no arriben al 10 % del total, la major part del diner és fabricat pels bancs privats quan concedeixen un crèdit. Donat que els bancs centrals presten diners a la banca privada i no als governs, resulta que les administracions públiques estan sotmeses a la "voluntat/dictadura" de les entitats financeres que són les que decideixen si financen i a quin preu. I a interès compost, que multiplica exponencialment el deute resultant del crèdit concedit i que fa inviables projectes d'altíssima inversió perquè, a més a més d'impagables, esclavitzen el deutor a la voluntat del creditor. És a dir, que els governs queden a les mans dels prestadors, dels bancs, de les elits (com ja passa i molt sovint).

ELS ESTATS O LA CIUTADANIA

Aleshores, com es pot finançar la transició energètica? Estem parlant d'un projecte bilionari. L'únic camí és recobrar la capacitat pública de fabricar diners per finançar els projectes públics considerats imprescindibles, com ara la transició energètica (i el desenvolupament de l'economia de la cura, feminista, ecològica), i no dependre ni de l'arbitrarietat de la banca ni de la seva vocació usurera. Al cap i a la fi, té cap lògica que siguin els bancs privats, la propietat privada, i no els poders públics, qui fabriquin els diners?

Ara com ara, només els estats podrien imposar decisions tan dràstiques. La pregunta és si estan en disposició o tenen capacitat/voluntat de fer-ho. Els estats depenen dels partits sistèmics que s'alternen en la governança i es financen a través de la mateixa banca que crea els diners. I a la qual deuen no se sap quan ni què. Poden aquests partits imposar condicions a la banca?

I encara caldria, com a mínim, una decisió més: qüestionar el deute dels estats, auditar-lo i decidir quina proporció és legítima i quina no (resultat de l'especulació financera).

Tot plegat, a més a més, és prohibit per Brussel·les i pels organismes internacionals, no triats per ningú però que marquen les pautes econòmiques. Una revolució, per tant!

Així les coses: es pot fer la transició energètica des del capitalisme? I una segona qüestió: és viable el capitalisme després d'una transició energètica que obligarà a decréixer i, per tant, es contradiu amb la seva necessitat bàsica: créixer indefinidament?

Combatre efectivament el canvi climàtic és fer la revolució. Només la ciutadania pot aconseguir-ho. Els partits obtenen el poder a través dels vots. Posem preu als vots. No els regalem.

ELS SISTEMES COGNITIUS

El sistema econòmic i cultural dominant conegut per capitalisme fabrica i emet els codis d'interpretació que convé als seus interessos: perpetuació del sistema i de les elits que el controlen a través de la despossessió/acumulació de capital. Sense preocupar-lo les conseqüències nocives que aquesta actuació causa a l'hàbitat on ens desenvolupem, la biosfera. La seva intenció és individualitzar-nos, desconnectar-nos, desorganitzar-nos, convertir-nos en animals a la recerca de la pròpia supervivència a costa dels altres éssers humans —també de nosaltres mateixos—, i no humans. I ho fa colonitzant les ments amb idees que s'exhibeixen favorables individualment i a curt termini, però que es tornen funestes pel bé comú amb el pas del (poc) temps. Implementar al cervell de la gent la idea que tots els polítics són iguals de corruptes és tant com destruir la darrera línia de defensa dels humans davant l'oligarquia: la Política. Que els polítics s'hagin deixat corrompre és una traïció a la ciutadania. No hi ha, però, corruptes sense corruptors. I són els corruptors els que controlen tots les claus econòmiques del poder. Amb una idea bàsica: evitar que treballem els uns pels altres, impedir el bé comú. Assegurar el seu benefici per sobre de tot i de totes. Recuperar la Política amb majúscula és una necessitat. Recobrar la dignitat política, una responsabilitat ineludible de totes.

> Només la nostra convicció, compromís i compassió faran prou pressió per canviar el panorama

El capitalisme ha imposat el seu extremista sistema cognitiu. La humanitat, però, no ha perdut la seva capacitat de desprendre-se'n i de substituir-lo per un d'autèntic interès general. Per aconseguir-ho, cal fer fora de l'enteniment la mordassa individualista i comprendre que només ens alliberem quan el bé és comú. Saber que, mentre hi ha hagi discriminats, exclosos, marginats, no serem lliures perquè l'amenaça, el problema, l'agressió, també és en contra nostre. Convèncer-nos que només la nostra convicció, responsabilitat, compromís i compassió faran prou pressió per canviar el panorama. Emancipar-nos!

LA POLÍTICA

El futur ens ha descobert el món/clima que ens espera perquè pensem, inventem, creem, una alternativa. I no és tan sols una opció tècnica la que es necessita: és una elecció política; millor dit, Política. De nosaltres depèn saber alterar el futur a través de la Política. I nosaltres no som els 'polítics': som la ciutadania fent Política. El que veiem ara no és una fatalitat insalvable. El futur no està determinat a menys que vulguem que es compleixi la profecia. L'esdevenidor està a les nostres mans i el construïm cada dia. I se'ns mostra convidant-nos a canviar-lo. És la nostra responsabilitat ineludible fer-ho.

Emergència climàtica: una guerra contra la vida

Totes i tots tenim consciència, més o menys intensa, que estem en guerra a Ucraïna. Però ens preguntem, en tenim també que estem en guerra amb la natura, amb la biosfera, amb la vida? Els propers quatre capítols ofereixen una visió global de les amenaces climàtiques i humanitàries, que estan interconnectades.

Guerra. Aquest és el mot omnipresent aquests dies als mitjans. L'apliquen a l'ominós atac de Rússia a Ucraïna. Contràriament, són incapaços d'aplicar el vocable a l'atac constant i terminal de la humanitat contra la natura, de nefastes conseqüències: escalfament global, clima inestable, esgotament dels recursos, desertificació, degradació dels sòls, pèrdua de massa boscosa, disminució de l'aigua disponible (descens de les precipitacions), degradació dels oceans, pèrdua de pesqueries, dels ecosistemes, pèrdua de biodiversitat, pandèmies, pèrdua de salut (també mental/ansietat causada per l'augment de temperatura, el trauma pels fenòmens meteorològics i climàtics extrems, i la pèrdua de mitjans de subsistència), de salut planetària. En definitiva, crisi climàtica camí de ser irreversible.

Veiem imatges del dramàtic èxode de població ucraïnesa (els originaris del sud global, del Pròxim Orient i d'altres, no tenen el mateix tracte) ens escandalitzem amb les víctimes de la guerra (en especial nenes i nens), satisfent-nos, alhora, en comprovar que la solidaritat europea funciona. En canvi, restem indiferents a la fugida constant de persones i persones del sud global que han de migrar perquè les han desplaçat a benefici de multinacionals de l'alimentació. O per culpa de guerres causades per l'extractivisme dedicat a l'espoli de l'energia i materials/minerals que el nord global no té. Colonialisme que afavoreix l'existència de grups paramilitars i governs corruptes dirigits per elits que manen en benefici propi i dels països/poders que els paguen, i escampen el terror i divideixen el país, convertint territoris en estats fallits en guerra permanent (com ara el Congo). O pel canvi climàtic, del qual en són poc o gens responsables, que ha convertit les terres que conservaven i conreaven en sequerals, o per causa d'inundacions catastròfiques que, com les sequeres, cada any són més intenses i freqüents.

Migrants forçats, que quan decideixen abandonar els camps de refugiats on els han ubicat (camps de concentració?), i deixar enrere el país i el continent on han nascut per no morir-se de gana, comproven com el nord els rebutja, els nega el dret a migrar que hauria de ser un dret inalienable, i els deixa morir a la sorra del desert o a les aigües de la Mediterrània. Només a l'Àfrica Oriental, 28 milions de persones estan en risc de passar fam. La regió viu la pitjor sequera en quaranta anys. Tretze milions de persones s'han vist obligades a abandonar casa seva. El rucs han mort o estan massa febles per tibar dels carros. Els governs africans no poden fer front als preus tan alts de les matèries primeres. Correran els governs europeus a socórrer els africans orientals? O miraran cap a un altre cantó. Àfrica, ho veiem cada dia amb les polítiques migratòries repressives, no és Ucraïna.

La crisi i la guerra han multiplicat els efectes perversos de l'agricultura industrial i d'un sistema econòmic basat en l'especulació i el benefici. I que s'acarnissa especialment en les dones. Segons Nacions Unides, la desigualtat de gènere i l'exclusió social augmenten encara més els efectes negatius d'una gestió mediambiental insostenible i especialment destructiva per a les dones i nenes. De fet, el 80 % dels desplaçats per desastres relacionats amb el clima són elles.

I no se n'escapa Europa. Les màfies ja s'han instal·lat en els corrents migratoris ucraïnesos i ofereixen a dones, que desesperades fugen de la guerra, futurs esperançadors que amaguen la prostitució. També passa amb nenes i nens, a qui les famílies, aclaparades, pugen a vehicles, conduïts per suposades bones persones, que en realitat són mafiosos, que els utilitzaran com a mercaderia per vendre'ls al millor postor (en el "millor" dels casos, famílies que els puguin pagar, però també n'hi haurà que es destinin al tràfic d'òrgans o a la prostitució). També és una guerra, o no?

Les màfies ja s'han instal·lat en els corrents migratoris ucraïnesos

I preocupats per l'obtenció d'energia i indignats amb la pèrfida Rússia, proposem alliberar-nos del jou que suposa aconseguir l'energia (gas, petroli, dièsel) procedent d'aquest país. Però no ens preocupem d'on l'obtindrem, ni a qui perjudicarem. El sentiment colonial extractivista està arrelat en la nostra consciència i no importa d'on vingui el gas o el petroli, o l'urani (també l'aigua per fabricar hidrogen) si així podem moure el cotxe o escalfar la casa. Agredir els interessos econòmics i el dret al desenvolupament (supervivència) a tercers, no és també un acte de guerra?

I us heu preguntat d'on venen els materials i minerals que calen per construir els molins i plaques solars necessaris per a desenvolupar les energies renovables (Europa és en un 85 % deficitària)? O d'on traurem l'aigua per produir hidrogen? I els aliments, d'on venen, de quina dictadura favorable a occident procedeixen, a quins grups empresarials pertanyen? S'ha fet fora les persones originàries de les seves terres per implementar monocultius? Se les ha esclavitzat desplaçant-les o imposant-los-hi preus de misèria, migració o mort? A qui beneficia el comerç d'aliments imperant, que perjudica la salut planetària en moure persones i mercaderies amunt i avall sense tenir em compta els gasos amb efecte hivernacle (GEH) produïts en cremar fòssils? Per què s'ha impedit el desenvolupament de la sobirania alimentària tant al nord (la pagesia europea també és víctima del canvi climàtic i la guerra) com al sud global? A benefici de qui?

S'ha impedit el desenvolupament de la sobirania alimentària al nord i al sud

I què me'n dieu guerra de la despossessió per acumulació, accelerada pel canvi climàtic? Les guerres, la crisi econòmica, el canvi climàtic, la injustícia social, el colonialisme, la governança, augmenten les desigualtats, la despossessió, la marginació... Una majoria de persones, que creix dia a dia, són més pobres, i una minoria de rics es fan més rics. A totes les guerres, a les convencionals, però també a la guerra contra la natura, o a la guerra pel control econòmic i l'acaparament, els més pobres han de romandre als seus pobles i ciutats sota la pluja de bombes de l'enemic, els estralls climàtics, o la *pluja àcida* de la manca de feina i de perspectives de futur. Els no tan pobres agafen el que poden i migren quedant-se sense res o amb ben poc, i si no moren pel camí, s'incorporen a la tropa dels desplaçats i desposseïts (on els esperen els marginats econòmics del nord), restant dependents de les ajudes dels països d'acollida, si és que els acullen, i per quant de temps. I exposats a la ira dels marginats i més pobres, que els veuen com a lladres que els prenen allò que entenen és seu. En canvi, els desplaçats més adinerats transfereixen els seus diners i poden iniciar una nova vida, traslladats però rics. Ningú els posa pegues amb la cartera plena.

Anàlogament, restem així mateix indiferents a d'altres guerres que considerem llunyanes. Per posar un exemple, segons les Nacions Unides, al Iemen hi ha la crisi humanitària més greu del món. La guerra fou desencadenada per l'Aràbia Saudita (un aliat occidental regit per una dictadura, amb la sort de disposar de petroli i tenir butlla) contra els xiïtes houthis, que tenen el suport de l'Iran (un enemic d'Occident). Al Iemen, a finals de 2021 havien mort 377.000 persones, el 60 % de les quals per causes indirectes com ara la manca d'aigua, aliments i les malalties. L'altre 40 %, morts provocades per les bales i les bombes (algunes fabricades a Espanya). I els nens? Cada nou minuts mor un menor de cinc anys. Més de 10.000 nens morts a finals de 2021. I tot això per no parlar de Palestina, o el Congo, o Birmània.

De quines guerres parlem i de quines no? Guerra a Europa. No és una guerra europea l'atac a la natura? No és una guerra la lluita contra la pandèmia? Explicàvem a "Una sola crisi, la del capitalisme":[1] l'explotació de més àrees naturals, les desforestacions, i les infeccions víriques estan relacionades. El traspàs de noves fronteres i la colonització de territoris inhòspits relacionen humans amb animals amb els quals no hi havia contacte. Ha estat el desenvolupament de la indústria agropecuària qui ha causat les desforestacions massives, que els monocultius s'hagin escampat, que s'hagin destruït ecosistemes i reduït la biodiversitat. Ha estat la indústria agropecuària —les granges de producció intensiva d'animals— qui ha facilitat la propagació dels virus patògens, de malalties víriques.

Explotació, colonialisme, extractivisme... no són guerres europees encaminades a assolir els materials, els minerals, l'energia que la UE no té? No serà també, doncs, una guerra? I no em digueu que no origina morts! Hi ha víctimes mortals, tot i que no morin per l'efecte

[1] https://catalunyaplural.cat/ca/una-sola-crisi-la-del-capitalisme-1/?hilite=crisi.

de les bombes i les bales. Moren per la fam, la deshidratació, les malalties derivades de l'apropiació de terres i recursos en territoris ignots (augmentar les terres de conreu, en especial en els països en vies de desenvolupament, no tan sols posa en risc la biodiversitat sinó que incrementa la probabilitat de noves malalties, com ara la pandèmia que encara patim), i de l'acció del canvi climàtic provocat per la humanitat, molt especialment pel nord global. No serà convencional, però també és una guerra.

I no és també una guerra especular amb els necessitats bàsiques de les persones que han estat privatitzades: aire, aigua, aliments, habitatge, salut/sanitat, energia, medi ambient, treball? No és una guerra abaixar salaris i robar a les persones el futur explotant-los fins a no tenir ni temps per descansar? O deixar-los sense temps per l'oci i la cultura o privant-los d'accés a la participació política convertida en un lloc exclusiu de les elits? Una guerra quotidiana contra la natura i la vida, per tal de mantenir en funcionament un sistema econòmic, social i cultural com és el capitalisme, encara que se l'adjectivi de verd. No ens maten amb bales de foc ni amb bombes, sinó que es violenten els ecosistemes i a les persones que habitem la biosfera. Ens maten en contaminar l'atmosfera amb tota mena de gasos, de residus, en benefici de grans corporacions econòmiques i industrials que tenen captius a polítics i governs en controlar els diners que fabriquen els bancs. Diners que també s'han privatitzat. Guerra per altres vies, guerres que exhaureixen la biosfera. Sumades, ens donen una única guerra, l'adreçada contra la vida.

La natura és la nostra salvació, però només si la preservem

Mantenir la salut del planeta és essencial per a la salut humana. Però estem a un mínim de deu anys i a un màxim de vint-i-cinc, d'un punt de no retorn global irreversible. En aquest capítol expliquem per què inestabilitzar el clima, destruir els ecosistemes, significa que la biosfera pot arribar a ser letal per a la majoria d'espècies que l'habitem.

El 28 de febrer de 2022 es va presentar el segon informe parcial del sisè informe d'avaluació de l'IPCC, el del Grup II, titulat "Impactes, adaptació i vulnerabilitat". La primera evidència és que, tal i com pronostica des de fa temps en Ferran Puig Vilar, tot és pitjor del que no pas s'esperava. Els efectes del canvi climàtic es produeixen abans i són més pronunciats del que del s'havia pronosticat de bon començament. Tots els desastres que s'havien de produir quan la temperatura fos 4 °C més alta que a l'època preindustrial, ara esdevindran quan superem els 2 °C.

La temperatura, segons l'IPCC, ha augmentat en el període 2011-2020 entre 0,95 i 1,20 °C des de 1850-1900. La qual cosa ens fa pensar que ja hem arribat a l'augment d'1,2 °C. O s'actua ara o aquests efectes seran molt evidents (i fatals) en el decurs de les dues properes dècades.

Estem a deu anys que s'iniciï un desastre climàtic calamitós. Amb el ritme actual d'emissions, falta ben poc per assolir l'increment d'un grau i mig. Els +1,5 °C se sobrepassaran cap a 2030 (si no abans), i si roman (i tot fa pensar que així serà), generarà múltiples esdeveniments (de fet ja han començat) que afectaran els ecosistemes i la humanitat. La intensitat a cada lloc dependrà de la vulnerabilitat, l'exposició, el nivell de desenvolupament socioeconòmic i de les polítiques d'adaptació.

Hi ha identificats 127 riscos que provocaran múltiples perills climàtics simultàniament, que a més interactuaran amb altres riscos no climàtics, i en conseqüència, incrementaran el perill d'esdeveniments en cascada, de perill global. De fet, correm el risc que generi impactes irreversibles en determinats ecosistemes amb poca resiliència (molt probablement, alguns estan ja succeint), com ara els ecosistemes polars, de muntanya i costaners, afectats per la fusió de la capa de gel, la de les glaceres, o per l'acceleració de l'augment del nivell del mar (més enllà del previst). Molts d'aquests esdeveniments alliberaran gasos amb efecte hivernacle (GEH) i alguns seran irreversibles encara que posteriorment es reduís l'escalfament global.

I si perquè tots aquests advertiments i realitats es consumin s'han de superar els +2 °C, tampoc haurem "d'esperar" gaire. Esdevindrà, si continuen augmentant les emissions de CO_2, prou abans de mitjan segle. Estem doncs, a entre deu i vint-i-cinc anys (segons l'optimisme) del *tipping point* global. A deu anys que s'iniciï un desastre irremeiable si no actuem ara mateix, de manera dràstica, i anteposant els interessos de la humanitat als interessos econòmics del capital.

A Catalunya, la temperatura ja és 1,8 °C més alta que abans del període preindustrial, incrementa cada decenni en 0,7 dècimes de grau, i és a punt de superar (si no ho ha fet ja) els dos graus d'augment. La previsió ens apunta a un augment de 3 °C en menys de vint anys. La projecció d'aquesta dada suposa temperatures de 50 °C a les comarques de la Catalunya Central i a la Plana de Lleida. Això, diu Francisco Doblas, investigador de l'ICREA, director del Centre de la Terra del Barcelona Supercomputing Center, i autor de l'IPCC, afectaria la humitat que conserven els sòls, és a dir, la humitat que permet a les plantes créixer. Quan augmentin les temperatures, afirma Doblas en el documental *50 graus*,[1] encara que no canviï el règim de precipitacions, suposarà que hi haurà menys aigua disponible perquè incrementarà també l'evaporació. Això impediria a les plantes créixer. Si passa a la primavera, l'impacte sobre l'agricultura i els ecosistemes seria terrible. Doblas, però, no creu que això hagi de passar abans de mitjan segle.

A Catalunya, la temperatura ja és 1,8 °C més alta que abans del període preindustrial

En tot cas, caldria decidir què plantem i on, preveure com evolucionarien els ecosistemes que haurien d'anar adaptant-se al nou règim de temperatures i de disponibilitat d'aigua, investigar de quanta aigua es disposaria per a ús agrari, de boca, domèstic, industrial, i a través que quin barem de prioritat es reparteix. Tot plegat, tenint en compte que si continuem malgastant aigua com fins ara, ben aviat arribarem a un nivell insostenible.

Al conjunt de la Mediterrània, la temperatura ha pujat 1,5 °C de mitjana per sobre del període 1850-1900. Més a la riba sud que a la nord, la qual cosa comporta un augment de les migracions. I no cal dir que l'aigua minva a marxes forçades i que el futur de l'agricultura perilla. Aquest efecte és multiplica tal i com anem cap al sud.

[1] Disponible a: https://www.youtube.com/watch?v=v_9CKynXKGI.

Al conjunt de la Mediterrània, l'augment de la temperatura comporta més migracions

Segons l'IPCC, l'augment del nivell dels oceans/mars significa un greu desafiament, ja que suposa fer front a l'increment, en freqüència i magnitud, d'esdeveniments extrems provocats pel col·lapse del gel, tant marí com continental, causat per l'escalfament de les aigües. Això implica tenir en compte l'elevació contínua del nivell del mar, i concloure que s'han de cercar solucions per als habitants de les poblacions costaneres ubicades en cotes baixes de tot el món, o en les petites illes, que hauran de migrar, perquè els seus assentaments seran engolits per les aigües.

I cal afegir-hi els efectes de les tempestes, cada cop més imprevisibles i radicals: les onades seran més altes i augmentaran el nivell de les aigües, com també incrementen significativament, si la pressió atmosfèrica és baixa o sobretot, molt baixa. I si dos i més fronts de tempesta coincideixen en un punt de la costa, com fou el cas del Glòria, aleshores els efectes poden ser terribles (durant el Glòria el nivell de les aigües davant el litoral del delta del Llobregat, fou de tres metres per sobre de l'habitual).

CALOR ACUMULADA ALS OCEANS

Les temperatures oceàniques més altes de la història es van registrar el 2021 en els primers dos mil metres de fondària. Per sisè any, consecutiu s'ha batut el rècord. L'aigua, cada cop més calenta, augmenta i ocupa més espai, fent pujar el nivell de les aigües i menjant-se capes de gel de l'Antàrtica i Grenlàndia, territoris que conjuntament perden un bilió de tones de gel a l'any. Actualment, més del 90 % de la calor generada per la crema de combustibles fòssils ha estat absorbida pels oceans, que, mentre es continuïn cremant, continuaran acumulant calor. El resultat és la salinització i acidificació de les aigües, que degraden, per exemple, els esculls de corall i d'altres ecosistemes, amb conseqüències funestes per a la fauna i la flora marina.

Antonio Turiel, investigador del CSIC a l'Institut de Ciències del Mar, deia en una entrevista a *Sobrevivir al descalabro*:[2] "Treballo al Departament d'Oceanografia Física i Tecnològica de l'Institut de Ciències del Mar. La meva especialitat és l'oceanografia per satèl·lit. Els oceans són el gran reservori de calor, el gran reservori del sistema termodinàmic del planeta Terra. Això va fer que la temperatura de l'atmosfera no augmentés tant com els models preveien a primers de segle, perquè els oceans retenien una gran part d'aquesta calor. Amb l'observació satel·lital podem contemplar en pocs dies el conjunt dels oceans i saber com es comporta la part superficial, que és la que interactua més amb l'atmosfera. I ens està donant senyals que s'estan produint canvis molt importants. Des de 2016 s'ha desencadenat un fenomen d'acceleració: la temperatura està començant a pujar més ràpidament. És un canvi molt brusc que fa més de cinc anys que dura i es manifesta en totes les seves variables: salinitat, elevació del nivell del mar, probablement en la producció primària dels oceans, la clorofil·la (quantes algues hi ha), i per suposat, en l'increment de la temperatura".

Quan veus canvis ràpids als oceans, que són molt lents en reaccionar, has de pensar que l'atmosfera experimentarà canvis molt més veloços. Si aquests canvis que estem guaitant es mantenen, i fins ara així sembla ser, s'anticipen canvis dràstics pel que fa al clima del planeta, i fins i tot, del temps meteorològic. Ara mateix estem

[2] https://sobreviviraldescalabro.org/antonio-turiel/ (entrevista realitzada el 3 d'abril de 2021).

veient petites manifestacions parcials, com ara al corrent termohalí, que és el gran redistribuidor de calor i humitat cap a Europa, que s'està frenant: si s'aturés, l'Europa central es refredaria i el temps seria més sec, la qual cosa afectaria i molt a les collites.

En general, el fet que els oceans s'estiguin sobreescalfant i s'estigui incrementant la quantitat d'energia que estan absorbint, ens pot indicar que els patrons de circulació de l'atmosfera es trastornaran. En altres paraules, que s'haurien acabat les estacions meteorològiques. Un exemple el tenim en la caiguda del vòrtex polar sobre Texas on feia més fred que a Alaska. El perill és que extrems com el de Texas esdevinguin amb freqüència i que, en contrapartida, masses d'aire calent es traslladin cap els pols i acabin de desfer el gel. Si no hi ha un canvi de tendència en pocs anys, podria tenir lloc una desestabilització climàtica irreversible de tot el planeta.

DESENVOLUPAMENT INSOSTENIBLE

La natura pot ser la nostra salvació, però només si la preservem, diu Inger Andersen, la directora del Programa de les Nacions Unides per al Medi Ambient (PNUMA). En aquest sentit, l'IPCC demana que entre el 30 i el 50 % de la superfície de la Terra, ja sigui terrestre, oceànica, o d'aigua dolça, ha d'estar protegida i lliure de noves explotacions si de veritat volem protegir la biodiversitat, i assegurar els serveis essencials que ens ofereixen els ecosistemes. (Són serveis ecosistèmics els beneficis que un ecosistema aporta a la societat i que milloren la salut, l'economia i la qualitat de vida de les persones; per exemple la provisió: fusta, bolets...; la regulació: quant carboni orgànic hi ha al sòl, quant n'ha absorbit i emmagatzemat...; la biodiversitat: quantes espècies hi viuen...; culturals: beneficis que la societat obté...) I ho demana perquè ara mateix s'està fent tot el contrari. Els patrons de desenvolupament insostenible actuals, diu l'IPCC, estan augmentant l'exposició dels ecosistemes i de les persones als perills climàtics.

Natura, éssers humans, infraestructures, res s'escapa a l'acció destructiva del canvi climàtic causat per l'home. La desforestació té impactes devastadors en la biodiversitat, la seguretat alimentària i l'escalfament global. S'han perdut 420 milions d'hectàrees de boscos des de l'any 1990 (boscos que no només emmagatzemen carboni sinó que refreden fins a mig grau la temperatura de la biosfera), amenaçats, com la biodiversitat, pels incendis forestals que hauran augmentat d'un 30 % a mitjan segle; tan sols un 15 % del sòl té alguna mena de protecció contra el desenvolupament o l'explotació, mentre que només està protegida en un 21 % l'aigua dolça i en un 8 % els oceans. Des de 1970 les poblacions de mamífers, aus, peixos, amfibis i rèptils, ha disminuït arreu del món, en un 68 %, i un 44 % d'espècies estan amenaçades d'extinció en els punts més crítics *(hotspot).*

A Catalunya, s'ha perdut una quarta part de les espècies en els darrers vint anys, segons l'informe "Estat de la Natura".

El canvi climàtic també ha augmentat el nombre de morts en incrementar les malalties transmeses per l'aigua i els aliments; malalties diarreiques, entre les quals el còlera i d'altres afeccions gastrointestinals. Malalties derivades de l'increment de la temperatura i la contaminació, especialment cardiorespiratòries. També de tropicals, com el dengue que s'escampa (ja s'han detectat casos de dengue autòcton a Espanya) o el chikungunya. I altres malalties víriques, com el SARS-CoV2. Diu Mònica Vargas, investigadora al Transnational Institute, al documental *50 graus:* "Si una cosa han deixat clara els canvis en els usos del sòl a tot el planeta és la interconnexió entre la salut humana i els drets humans, amb la salut del medi ambient. Ara ho hem vist amb la pandèmia de la covid-19, abans amb la de la grip porcina o l'aviar". I afegeix, "el conjunt de devastacions planetàries causades pel sistema econòmic dominant ha suposat la generació del canvi climàtic, que ha ocasionat una profunda injustícia pels éssers humans. Així doncs, quan parlem de desforestació, de canvis d'usos del sòl, o de GEH..., estem parlant d'una profunda devastació també dels cossos. Una devastació dels territoris, de la biosfera, dels cossos, que segueixen una mateixa lògica d'explotació i d'espoli, característiques del capitalisme".

MALA SALUT PLANETÀRIA

La societat, els poders econòmics, polítics, desconeixen o no volen saber, que el clima, la biodiversitat, i les persones són interdependents. Que els humans són ecodependents, que depenen de la biosfera. El canvi climàtic interacciona amb tendències globals com l'ús insostenible dels recursos naturals, la creixent urbanització, les pertorbacions econòmiques i socials, les pèrdues i els danys per esdeveniments extrems i una pandèmia, posant en perill el desenvolupament futur.

Durant decennis, l'escalfament global antropogènic ha estat perjudicant la salut de les persones i de les societats. Continuar per aquest camí, inestabilitzar el clima, destruir els ecosistemes, significa que la biosfera pot arribar a ser letal per a la majoria d'espècies que l'habitem.

El canvi climàtic, diu l'IPCC, ha afectat la salut física i mental de les persones a tot el món i ha incrementat tant la mortalitat com la morbilitat, i sentencia: mantenir la salut del planeta és essencial per a la salut humana.

La salut i la civilització humanes depenen de la salut dels ecosistemes (riquesa i abundància d'espècies...) i de la seva sàvia gestió. La degradació del planeta, el seu escalfament originat per l'ús massiu de combustibles fòssils, per l'extracció desaforada dels seus recursos, per la boja explotació del sòl, per la desmesurada agricultura i ramaderia industrial, per considerar que la natura està al servei de l'home i no entendre que la humanitat forma part de la natura i en depèn, tot i que aparentment ens dona riquesa, ens fa més pobres com espècie i ens roba la salut. En definitiva, que la salut humana només és salut de debò si és planetària i beneficia a tots els éssers vius que habitem la biosfera.

Els poders econòmics i polítics no volen saber que els humans són ecodependents

Vivim una destrucció accelerada, molt perillosa, i de gran abast de la natura, que afecta els entorns de vida de milers de milions de persones: entre 3.300 i 3.600 milions que viuen en regions greument afectades. I un altra quarta part ha de tenir en compte, des de ja mateix, els canvis dràstics que causa l'escalfament global.

Cal deduir, doncs, que alguns d'aquests impactes sobre les poblacions i els ecosistemes ja són irreversibles per l'augment del nivell de mar. Hi ha zones submergides, deltes —Nil, Ebre— que estan perdent terres productives i estan amenaçats de desaparèixer, desplaçant les persones i destruint la seva manera de viure. A Catalunya també podem observar aquest augment del nivell de les aigües a la costa del Maresme on platges, tren i passeigs acabaran sent engolits pel mar. Les glaceres, que contenen el 70 % de l'aigua dolça de què disposa el planeta, es fonen arreu (al Pirineu català no en queden). I sense que hi hagi unanimitat, també amb molta probabilitat, haurien superat el punt de capgirell a Grenlàndia.

A l'Àrtic, al mes de març de 2022 estan 30 °C per sobre de la temperatura habitual (en aquestes latituds, la temperatura ha augmentat de mitjana en 4 °C des de l'era preindustrial). Que hi hagi menys banquisa (gel marí) a l'Àrtic, genera més onades, que contribueixen a erosionar la costa, que en determinades zones esta perdent entre quatre i cinc metres a l'any, i tot plegat fa que el permagel es desfaci més de pressa (com ja passa amb el de Sibèria i territoris sòlids del Cercle Àrtic —es preveu que el 2040 ja no quedarà terra congelada a la península escandinava—). A l'Antàrtica Occidental, a finals de març de 2022 s'estan batent rècords de temperatura (Vostok, amb un temperatura de −12,2 °C, 40 °C per sobre de la mitjana, Cúpula CII, D47, i Terra Nova Base, on la temperatura ha estat més de 7 °C per sobre de l'habitual).

Postil·la Olga Margalef, geògrafa, professora a la Universitat de Barcelona, investigadora del CREAF: "Aquests sòls congelats durant milers d'anys, permagel, són un gran reservori de carboni. Contenen més carboni que tots els boscos del planeta i el doble de carboni que hi ha avui dia a l'atmosfera. Si es desglaça, part d'aquesta matèria orgànica es degrada i es produeix diòxid de carboni i metà que passen del sòl congelat a l'atmosfera. Això ja està passant i la magnitud del vessament dependrà de l'augment de la temperatura i el desglaç. El canvi climàtic ens demostra que tot està relacionat perquè l'atmosfera és comuna per a tots els éssers humans".

ESCASSETAT D'AIGUA DOLÇA

La disponibilitat d'aigua dolça serà inferior a la demanda cap a 2040. Abans, cap a 2030, un terç de la població mundial viurà en zones afectades per la manca d'aigua: nord i sud d'Àfrica, Pròxim Orient, la Xina i els Estats Units. Ara mateix, el 12 % de la població no beu aigua potable. La falta d'aigua es notarà sobremanera a la Mediterrània, més intensament a la riba sud, però també a la nord.

La lluita per aconseguir aigua augmentarà els conflictes/guerres i multiplicarà el neocolonialisme. Per posar uns exemples: els alemanys volen construir un embassament al riu Congo (Inga 3) dedicat a fabricar hidrogen, espoliant els congolesos. O que passarà amb l'embassament Renaixement, ja inaugurat i camí d'omplir-se, construït per Etiòpia i que reté aigua del Nil Blau, que abans compartia amb Sudan i Egipte? I què ocorrerà amb els territoris colonitzats per la Xina, Emirats Àrabs, Aràbia Saudita, per a la fabricació d'aliments que s'emporten cap els seus països (una manera indirecte d'endur-se l'aigua)?

Cap a 2030, un terç de la població mundial viurà en zones afectades per la manca d'aigua

Espanya ha perdut més d'un 20 % de l'aigua que tenia fa trenta anys. I es preveu una pèrdua addicional del 25 % en els propers anys que el MITECO, el Ministeri per a la Transició Ecològica, no concreta quants seran. Contràriament, el regadiu està augmentant i consumeix el 80,5 % de l'aigua disponible (el consum del cicle urbà és del 15,5 %). Alhora els pous que esgoten el freàtic es reprodueixen sense control a tot el territori. I per augmentar la productivitat s'estan regant conreus de secà (també a Catalunya, on es reguen ametllers que es beuen 12.000 metres cúbics d'aigua per hectàrea/any; conreus, propietat de multinacionals que es dediquen a l'exportació). I per acabar-ho d'adobar, les pèrdues a la xarxa d'aigua potable ja tractada són del 23 %. Tot plegat, un disbarat.

Al sud d'Europa, set milions de persones poden patir set. Els aqüífers estan en perill. I les sequeres seran cada cop més freqüents, llargues i dures. A Catalunya, som víctimes d'una sequera que, segons informa el Servei Meteorològic, va començar a les comarques litorals i prelitorals, la primavera de 2021, que s'ha estès amb rapidesa pel nord-est, Plana de Lleida i Catalunya Central i que s'ha intensificat excepcionalment a comarques com el Vallès Oriental, l'Occidental, el Barcelonès, el Baix Llobregat i l'Alt Empordà. Les pluges d'aquests dies [primavera de 2022], diu Marc Prohom, cap de l'Àrea de Climatologia del Servei Meteorològic de Catalunya, segurament aturaran la sequera a l'Alt Empordà i a l'extrem sud de Catalunya. Al litoral central, al prelitoral, i a la Catalunya interior cal molta més aigua per acabar amb la sequera.

Som davant d'un canvi climàtic radical, diu Robert Savé, emèrit de l'Institut de Recerca i Tecnologia Agroalimentàries (IRTA). L'augment de la temperatura provoca canvis en el comportament de les plantes. El perill rau en que la pluja que ha caigut faci brotar les plantes i que després no es puguin desenvolupar per la manca d'aigua en romandre els efectes de la sequera. Hi ha dues solucions: o es deixa que la natura faci la seva feina amb el risc de produir fruits petits i no acceptats pels mercats, o es poden les plantes perquè siguin més petites i brotin menys fruits però de la qualitat i calibre habituals. En tot cas, sempre hi hauria pèrdues. Però el temps meteorològic és cada cop més imprevisible i la gran amenaça pels conreus és una onada de fred que glaçarà l'Europa del Sud, Catalunya inclosa, a primers d'abril.

Europa ha de fer front a aquests efectes del canvi climàtic: onades de calor i sequeres (en especial al sud); alteracions dels ecosistemes marins i terrestres, escassetat d'aigua a múltiples sectors interconnectats; risc per a les persones, les economies i les infraestructures a causa de les inundacions costaneres i interiors (les inundacions van causar quinze vegades més morts als països costaners pobres que no pas als rics); augment de les temperatures que per l'estrès de calor aniran causant més víctimes mortals, cultius alimentaris estressats per la calor (en un dels escenaris l'informe conclou que 183 milions de persones addicionals podrien patir desnutrició a mitjan segle) que provocaran la pèrdua de conreus a causa de la sequera i el clima extrem (els incendis forestals seran més intensos i augmentaran en més d'un terç en aquest començament de segle).

Segons l'IPCC, els punts calents amb alta vulnerabilitat, estan situats a l'Àfrica de l'Oest, la Central i la de l'Est. Igualment a l'Àsia del sud i Amèrica Central i del Sud. I també a l'Àrtic (la temperatura ha augmentat mes de 4 °C des de 1850-1900) i als petits estats insulars. Per suposat, la vulnerabilitat és més alta quan més intensa és la pobresa, quan no es pot accedir als serveis bàsics, als recursos, quan hi ha conflictes violents, manca de governabilitat. També on els mitjans de vida són més sensibles al clima: petits agricultors, pastors, comunitats de pesca... S'ha de tenir en compte que en aquesta mateixa dècada, la mortalitat per inundacions, tempestes i sequeres serà quinze vegades més alta a les regions més vulnerables que no pas a les de baixa vulnerabilitat. La vulnerabilitat es multiplicarà amb la inequitat, la discriminació de gènere, la procedència ètnica, i els baixos ingressos.

CRISI HUMANITÀRIA

El canvi climàtic està contribuint així a crisis humanitàries on els perills climàtics interactuen. La inseguretat alimentària aguda està augmentant a l'Àfrica, Centreamèrica i Amèrica del Sud. I si bé és cert que els factors no climàtics són els impulsors dominants dels violents conflictes entre estats i dins dels propis estats, en algunes regions avaluades, els fenòmens meteorològics i climàtics extrems han tingut un impacte advers pel que fa a la durada, duresa, i freqüència. En tot cas, els fenòmens meteorològics extrems estan impulsant cada cop més el desplaçament de persones. En especial les comunitats locals, col·lectius de persones bàsicament del sud però també del nord (el procés migratori pel canvi climàtic també es una realitat de Centreamèrica cap els Estats Units, i del sud dels propis Estats Units cap el seu nord) que no es podran adaptar i hauran de migrar. I d'altres que no disposaran de capacitat econòmica ni per adaptar-se ni per fugir (un 32 % de persones addicionals cauran en la pobresa extrema l'any 2030 si es continua com ara). I les comunitats indígenes, més de 400 milions de persones, estan sent molt perjudicades (suposen el 6 % de la població mundial i són el 15 % més pobre; ocupen la quarta part de la superfície de la Terra i tenen cura del 80 % de la biodiversitat, però, contràriament, només són els propietaris de l'11 % d'aquestes terres).

Les dades expliciten l'acceleració i la magnitud dels canvis que s'acosten. Les desigualtats augmentaran i els rics seran més rics, multiplicant les seves opcions i oportunitats, i els pobres seran més pobres i quedaran extremadament sotmesos a les amenaces immediates, que ja són aquí. Tot plegat, és aprofitat per les grans corporacions per engrandir el seu patrimoni, acumulant bens i capital procedent de les classes treballadores i les antigues classes mitjanes. Res passa per casualitat. Ni la inacció per combatre el canvi climàtic, ni la despossessió programada dels més empobrits. El capitalisme necessita els recursos per créixer i considera les persones una mercaderia prescindible.

L'energia, clau per mitigar o accelerar la crisi climàtica

Cal aprofundir en el paper decisiu de l'energia. Totes les fonts d'energia i les de minerals estan assolint els límits i les alternatives no són suficients. Només hi ha un camí, el canvi de cosmovisió. Mirar-nos el benestar i la vida de manera diferent. Acceptar un decreixement pactat i ordenat.

Les diferents crisis —energètica, de materials i minerals (recursos), pandèmica, alimentària, econòmica, social i climàtica—, estan relacionades, són interdependents i es retroalimenten.

Com ja deveu saber, la primera cosa que s'hauria d'haver fet per fer front a l'emergència climàtica, i des de fa molts anys, és deixar de cremar combustibles fòssils (carbó, petroli/dièsel, gas natural) i en conseqüència, deixar de vessar gasos amb efecte hivernacle (GEH) a l'atmosfera: CO_2 (resultat de l'activitat industrial, energia, transport, ramaderia industrial, desforestació, canvis en els usos del sòl), metà (desglaç del permagel, activitat agrícola i ramadera, industrial, pèrdues a les instal·lacions i conduccions d'energia fòssils), òxid nitrós (activitat industrial i agrària), ozó (contaminants precursors que provenen de la indústria i el transport), i halocarbons.

Una atmosfera que hem convertit en un abocador. Entre el 2010 i el 2019, les emissions van continuar augmentant, de 53.000 a

66.000 milions de tones equivalents de diòxid de carboni, un màxim històric de nous GEH a l'atmosfera. L'any 2021, les emissions van augmentar en un 6 % (dos mil milions de tones, rècord de sempre en termes absoluts). L'ús del carbó, que s'havia d'abandonar, suposà el 40 % de l'increment de les emissions mundials.

Tan alta quantitat de GEH a l'atmosfera impedeix mantenir una temperatura mitjana de l'aire superficial del planeta apta per a la vida, que se situa al voltant de 15 °C. Hem perdut el clima estable de què han gaudit les civilitzacions els darrers 10.000 anys i que les hi va permetre desenvolupar-se. Si continuem per aquest camí, la vida humana i de la majoria dels éssers vius que habitem la biosfera restarà en perill perquè la Terra i els oceans seran improductius i l'atmosfera els hi serà letal. I als GEH li hauríem d'afegir la contaminació que no altera el clima, però causa una gran quantitat de morts: segons l'Organització Mundial de la Salut, vuit milions de persones moren cada any prematurament per malalties no transmissibles que es poden atribuir a la contaminació de l'aire: cerebrovasculars, càncers, pneumopaties. Set dels vuit milions moren a causa de les partícules fines PM-2,5 que traspassen els pulmons i entren a la sang. Provenen de cremar combustibles fòssils, en especial dels motors dels cotxes i més en concret dels dièsel. I cal afegir-hi els milions de persones que no moren, però perden salut/qualitat/esperança de vida.

Si continuem així, la Terra i els oceans seran improductius

A l'actual civilització li és molt difícil preveure allò que no veu o palpa. Li resulta complicat adaptar-se a aquesta inestabilitat sobrevinguda que impedeix saber què passarà demà (alteració dels cicles de les estacions meteorològiques, escalfament, radicalització dels esdeveniments climàtics...) i prefereix negar els fets o creure que la tecnologia ho arreglarà.

Tot el que calgui per no haver de canviar un sistema de creences (creixement, abundància, riquesa, propietat, consum) sobre el qual s'ha construït la vida.

IPCC: MITIGACIÓ DEL CANVI CLIMÀTIC

El dia 4 d'abril de 2022, després de negociacions polítiques molt més llargues del que ja és habitual, es va presentar l'informe IPCC sobre la mitigació el canvi climàtic, en altres paraules, què cal fer. I recomana una transició "important" en el sector energètic, reducció substancial dels combustibles fòssils, electrificació generalitzada, l'ús de combustibles com ara l'hidrogen, molta més eficiència energètica i, en algunes regions, la reducció de la desforestació (de fet, no s'hauria de desforestar enlloc més).

L'informe reconeix que si continua el ritme d'emissions com fins ara, el món s'encamina a un augment de la temperatura de 3,2 °C a final de segle (una projecció conservadora al nostre entendre). I rebla que per evitar l'augment d'1,5 °C, les emissions de GEH haurien de reduir-se gairebé a la meitat en tots els sectors (des del transport fins a la indústria, la generació de calor i electricitat, fins a l'agricultura i la silvicultura i d'altres usos del sòl, les ciutats i les àrees urbanes), perquè les emissions assoleixin el seu màxim abans del 2025 i baixin ràpidament després. El 43 % és l'objectiu per l'any 2030. I la neutralitat climàtica el 2050. (En l'informe del PNUMA de maig de 2021 s'afirma que en el decenni vinent es podrien reduir les emissions de metà –la cinquena part de les emissions de GEH– en un 45 %. Seria la manera més eficaç de frenar el canvi climàtic en els vint-i-cinc anys vinents. Caldria però, actuar en tres sectors: combustibles fòssils, residus i agricultura.)

En cap moment es destaca en l'informe (o no ho hem sabut veure) que abandonar el creixement sigui un propòsit, menystenint el fet que no hi ha cap energia alternativa a les fòssils que ho permeti (a no ser que no sigui un dret universal i s'exclogui a persones i poblacions del seu "benefici"). Sí que s'afirma que si s'apliquen les mesures proposades per evitar un escalfament de 2 °C, el PIB disminuiria uns quants punts percentuals a 2050 (decreixement sense anomenar-lo?). En tot cas, el que es desprèn de la lectura de les proposicions és que el creixement és l'objectiu principal i que les propostes no són altra cosa que un intent més de mantenir, peti qui peti, el sistema econòmic i cultural capitalista basat en el consum i creixement infinits en un planeta finit.

Parla de solucions quimèriques i fa recomanacions que no s'ajusten a la realitat per venir. Per exemple diu: moltes tecnologies baixes en carboni han vist caure el seu cost entre 2010 i 2019. Un 85 % per a l'energia solar, el desplegament de la qual s'ha multiplicat per més de deu. Un 55 % per l'eòlica. I un 85 % per a les bateries de ions de liti, que han permès multiplicar per més d'un centenar els vehicles elèctrics al món. I això s'afirma en un moment en què és manifesta la manca de minerals (dels quals s'hauria d'augmentar la producció fins a quantitats inassolibles per abordar les transicions que calen) i d'energia (que, llevat del gas, ha sobrepassat el seu bec de producció i decau) que per les lleis del mercat estan multiplicant el seu preu. Escassetat que, per cert, no és conjuntural sinó sistèmica.

L'informe també parla de les tecnologies de captura de carboni que perquè funcionessin haurien de capturar el 90 % de les emissions de plantes tèrmiques i entre el 50 i el 80 % de les fuites de metà. Ara com ara ni funcionen, ni s'albira que ho hagin de fer.

Un cop més, entenem que l'informe està maquillat políticament per reduir l'emergència climàtica i resulta decebedor. En la seva presentació, el president de l'IPCC, Hoesung Lee, afirma: "Hi ha polítiques, regulacions i instruments de mercat que estan demostrant ser efectius". I ens preguntem: quins són, on es poden veure i amb quins resultats?

En aquest capítol ens proposem posar en evidència que les propostes en les quals es basa la mitigació no són suficients ni per evitar l'augment de 2 °C. I que sense renunciar al creixement és impossible assolir cap de les fites.

CONSIDERACIONS

En el manifest dels científics *La ciència es rebel·la, només ens queda actuar*, es diu que "els objectius actuals de creixement defensats pels poders econòmics estan en contradicció directa amb la reducció dels impactes ambientals per sota dels llindars dels límits planetaris. D'aquesta manera, es paralitza el canvi radical de model productiu que és imprescindible emprendre sense demora i així limitar l'augment de temperatura entre 1,5 i 2 °C". En altres paraules, que mentre hi hagi creixement no es podrà limitar la temperatura a un mínim d'1,5 i un màxim de 2 °C.

L'augment d'1,5 °C és un propòsit impossible d'aconseguir perquè l'increment de la temperatura ja és de +1,2 °C des de 1850-1900, i perquè la inèrcia climàtica fa que encara que es reduïssin les emissions, durant un mínim de vint anys la temperatura continuaria pujant, siguin quines fossin les emissions. El perill rau en els esdeveniments que un augment d'1,5 °C puguin causar, incidents que es retroalimenten els uns als altres, causant un efecte en cascada que ens conduiria a un estadi climàtic menys favorable.

En quin nivell de temperatura se situen aquests fets? És difícil de dir, perquè amb un augment d'1,2 °C, i com dèiem en el capítol anterior, ja n'hi ha de desbocats: desglaç de l'Àrtic, Grenlàndia, Antàrtica Occidental, augment del nivell del mar, desglaç del permagel.

En aquest sentit, se sap que la pèrdua de gel marí a l'Àrtic està amplificant l'escalfament. I que el desgel de Grenlàndia està subministrant aigua dolça a l'Atlàntic Nord. Tots dos esdeveniments poden haver contribuït, des de mitjan segle XX, a una disminució del 15 % del sistema AMOC, que és un element clau en el transport global de calor i sal als oceans. El cabal s'ha reduït en uns tres milions de metres cúbics per segon, més del doble del que transporten sumats tots els rius del món (1,2 milions).

Un ràpid desglaç de la capa de gel de Grenlàndia (com està passant), i una desacceleració més ràpida de l'AMOC, podrien desestabilitzar el monsó de l'Àfrica Occidental i desencadenar una sequera al Sahel. La desacceleració de l'AMOC també podria assecar l'Amazònia, interrompre el monsó de l'est d'Àsia i fer que s'acumuli calor a l'oceà Austral, que acceleraria la pèrdua de gel a l'Antàrtida. Repasseu quants d'aquests fets estan passant. I preguntem-nos quina relació hi ha entre tots i cadascun.

En tot cas, les preguntes serien: quan van començar cadascun dels punts de no retorn? Són reversibles? Què anirà succeint d'aquí a 2030 quan els GEH s'hauran reduït (si els poders polítics i econòmics fan cas a la ciència) en un 43 %? No hem d'oblidar que per alguns científics ja hem superat el punt de no retorn, el *tipping point*, i el desastre climàtic irreversible ja està en marxa.

PETROLI I RENOVABLES

Els poders econòmics i polítics, malgrat callar-s'ho, són conscients que amb les energies renovables no es pot mantenir el sistema econòmic vigent basat en el creixement. Per tant, tot i parlar de capitalisme verd, malden per aconseguir els recursos fòssils (també d'urani) que els hi calen. Ara mateix falta de tot: petroli/dièsel, gas, urani. Per fer-ho més fàcil, tot i el càstig que suposa per la biosfera i la vida dels éssers que l'habitem, han decidit declarar l'urani i el gas "energies verdes", la penúltima bestiesa.

Han decidit declarar l'urani i el gas "energies verdes", la penúltima bestiesa

DEPENDÈNCIA FÒSSIL

Explica Jordi Solé, professor a la Universitat de Barcelona, coordinador del projecte europeu MEDEAS, científic revisor de l'IPCC, al documental *50 graus:* "Tenim un problema. Per un costat, necessitem el combustible fòssil per a tots els usos. Som una societat addicta al consum de combustibles fòssils siguin líquids, gasos o sòlids. Donat que en calen perquè tot funcioni, no podem passar ni un dia sense usar-los. Per l'altre, necessitem reduir les emissions de GEH no cremant més combustibles fòssils, un recurs finit (això no vol dir que s'acabin sinó que el ritme d'extracció possible no pot créixer més enllà d'uns límits i ara fins i tot està estancat). Això és un problema, perquè tenim un sistema econòmic que necessita que creixi l'aportació de fòssils (i d'altres matèries primeres) per desenvolupar-se. Si volem, doncs, que el sistema socioeconòmic continuï engrandint-se, aleshores hauríem de substituir els fòssils per renovables, que també haurien de continuar creixent. Llavors i portat al límit, què volem, omplir tot el planeta de renovables. Llavors de què mengem?"

Afegeix Antonio Turiel: "La producció de petroli davalla ràpidament. El cru convencional d'alta qualitat decau des de 2005, i els petrolis no convencionals són molt cars d'extreure i no tenen prou qualitat per obtenir, per exemple, dièsel. Així les coses, les companyies petrolieres estan desinvertint des de 2014. En paral·lel, les altres fonts no renovables també estan arribant als seus màxims, si no estan caient ja. De cop, et trobes que entre petroli/dièsel, carbó, gas natural i urani, que produeixen el 90 % de tota l'energia que es consumeix, totes estan en retrocés llevat del gas, que li queda poc temps. La mateixa Agència Internacional de l'Energia (AIE) reconeix que si no s'inverteix, l'any 2025 faltaria un 50 % de petroli. Si s'inverteix per mantenir les instal·lacions en funcionament, en faltaria un 20 %".

DIÈSEL

La producció de dièsel, imprescindible per al transport, la mineria, la maquinària industrial i l'agricultura, davalla des de 2018. Ara mateix, el preu supera el de la gasolina i la seva manca amenaça països molt dependents, com Alemanya, i on el govern ha advertit a les empreses que racionin el seu ús. En una trobada organitzada pel *Financial Times* a Lausana, Suïssa, amb la participació de tres grans companyies que es dediquen a la comercialització de matèries primeres, arribaren a la conclusió que Europa seria víctima del desabastament de dièsel, i que fins i tot ja a l'abril de 2022 la seva manca arribaria al 15 %. El racionament ha arribat també a Austràlia i Sud-àfrica. D'altres països afectats serien Sri Lanka, Argentina o el Pakistan. Els Estats Units es nodrien encara el mes de març de dièsel procedent de Rússia. (Veurem d'on el treuen ara. Per això pacten amb Veneçuela per barrejar els pesants petrolis de l'Orinoco amb els de baixa qualitat del *fracking* i veure què en poden obtenir. Sense menystenir a l'enemic Iran com a subministrador.)

PANORAMA ENERGÈTIC

Amb aquest escenari, els poders polítics i econòmics van urgir a trobar una alternativa com fos. I van decidir fer-ho a través de les fonts d'energies renovables (Transició Verda). Va durar poc, convençuts que per mantenir la megamàquina industrial que li cal al capitalisme per mantenir el creixement, hi haurà (ja n'hi ha) problemes greus de subministrament de petroli/dièsel, l'essència del sistema econòmic, i que les renovables són insuficients per a satisfer les "necessitats" energètiques, van decidir trair definitivament el somni verd (extractivisme/colonialisme al marge) i declarar gas i nuclears com energies verdes. Aberrant!

URANI

Des de 2016, cau la producció de les mines d'urani. I hom preveu que cap a 2025 ja no es podrà satisfer la demanda. En aquest punt, és important lligar el conflicte recent al Kazakhstan amb la crisi que vivim. La revolta que va ser comparada amb la del Maidan, es va acabar amb la presència de tropes russes. Què estava en joc? Doncs l'urani de què disposa el Kazakhstan i del que n'és el primer exportador mundial, un 41 % del total. Si hi afegim que entre Rússia (6 %) i Ucraïna (2 %) exporten el 8 % mundial, resulta que des de l'òrbita russa es controla directament o indirecta, la meitat de les exportacions mundials (49 %). Quantitat que arriba al 56 % si hi sumem el 7 % que exporta l'Uzbekistan. Sense ometre la proximitat d'aquests països amb la Xina.

Un segon exemple el tenim a l'Àfrica. Les tropes franceses s'han retirat de Mali, tot considerant el país un estat fallit. En realitat, però, aquestes tropes estan concentrades al Níger, sisè exportador d'urani del món i d'on les centrals nuclears franceses obtenen el 50 % de l'urani de què es nodreixen. Níger és un exemple de l'extractivisme, colonialisme, despossessió del sud global. És un dels països més pobres del món i des de fa dècades és explotat per França sense que hagi pujat el seu nivell de vida/benestar. Ara mateix ocupa el darrer lloc (189) en l'Índex de Desenvolupament Humà de les Nacions Unides. Contràriament (o en conseqüència) és el país amb la taxa de naixements més alta del món. El control de l'urani el té la companyia transnacional Orano, antiga Areva, controlada per l'Estat francès, que en té la majoria del capital.

GAS

El preu del gas ja pujava abans de la invasió russa. I donat que és el gas qui marca el preu de l'electricitat, s'ha arribat a un màxim insostenible per a la majoria de les unitats familiars (i també per a les petites empreses subministradores d'electricitat d'origen renovable). També apujava el preu dels fertilitzants que es fabriquen amb gas, essencials per a l'agricultura industrial. Algunes fàbriques molt importants van deixar de fer-los perquè el preu de l'energia era tan alt que no resultaven rendibles. Algunes han reobert, però funcionant a mig "gas" i només amb les vendes garantides, i d'altres de les grans estan funcionant però amb fortes pèrdues: Vestas Wind Systems A/S, Siemens Gamesa, General Electric Co.

Si Rússia tallés el subministrament de gas (el 41 % del que importa la UE, segons Eurostat, 45 %, segons altres fonts), del petroli (un 27 %), i del carbó (un 45 %); o si fos la mateixa UE que decidís prescindir del gas que importa, d'on aconseguiria aquesta energia necessària per fer realitat el somni verd? No s'ha d'ometre que Rússia és el primer exportador mundial de gas. De fet, no hi ha alternatives al gas rus, tot i que se n'importi per via marítima, ja sigui dels Estats Units, autosuficient gràcies a la fractura hidràulica *(fracking)* econòmicament insostenible, o de Qatar...

El principal proveïdor de gas a Espanya és Algèria. En donar suport a Marroc en el conflicte del Sàhara i abandonar el Front Polisario, Madrid s'exposava a que Alger prengués represàlies. Dijous 7 d'abril de 2022 es va confirmar l'amenaça tot coincidint amb la visita del president Pedro Sánchez al Marroc. El govern algerià, a través de l'empresa Sonotrach, confirmava que tenia la intenció d'apujar el preu del gas a Espanya. Decisió que corroborava la vicepresidenta tercera, Teresa Ribera, tot i que mirava de treure-li ferro confiant en què la puja fos més aviat moderada.

Tot fa pensar que s'augmentarà l'ús del carbó (va fer el pic a 2019), més intensiu en emissions, en tots aquells països que en disposin. Un exemple el tenim en el ministre d'Economia i Clima alemany, Robert Habeck, del partit dels Verds, que deia el mes de març: "No descartem [el govern] que les centrals de carbó hagin de funcionar més temps per tal que el país sigui més independent de Rússia". De fet la UE ja ha donat el vist-i-plau a comprar tant petroli com estigui disponible en el mercat.

I malgrat promeses, declaracions i bones intencions, es continuarà fent ús de totes les energies fòssils que es puguin aconseguir per tal de mantenir el creixement. A Catalunya, ho veiem en l'entestament d'alguns sectors en ampliar els aeroports i el port de Barcelona (els sectors aeri i marítim representen pel cap baix el 5 % de les emissions mundials), o en recuperar el turisme sense fer una anàlisi del que suposen milions de persones pel que fa a les emissions de CO_2, construcció, ús de l'aigua, alimentació, per posar uns exemples...

QUÈ PASSA AMB LES RENOVABLES I ELS MINERALS PER A FABRICAR-LES?

Doncs que l'energia obtinguda és electricitat, i no serveix per tot. Ho explica Antonio Turiel: "L'electricitat és tan sols la cinquena part de l'energia total que consumim. Electrificar el 80 % no elèctric és molt i molt difícil i, de fet, se sap que és impossible. Per altra banda, les energies renovables no són energies concentrades com les fòssils, estan disperses pel territori, són difuses i intermitents, i segueixen els ritmes de la natura i no la cadència dels mercats. Esdevé aleshores, que en tenir un rendiment molt baix (hi ha molta pèrdua en el procés de construcció, i en la concentració de l'energia que es capta per poder mantenir aquests sistemes productius a escala industrial), no podrien mantenir la societat en el volum que la volem mantenir".

> La demanda de materials per fer energia renovable es quadruplicarà cap a 2040

Cal tenir present que l'Agència Internacional de l'Energia advertia el mes de maig de 2021 (abans de la guerra d'Ucraïna) que la demanda de materials per fabricar les energies renovables es quadruplicarà cap a 2040. Afirmava: la demanda de liti es multiplicarà per 42, la de grafit per 25, la de cobalt per 21, la de níquel per 19, i la de terres rares per set. Però tot s'accelera i l'AIE no té més remei que anar-ho admetent, i el mes d'octubre s'esmenava i afirmava en el *World Energy Outlook* pel que fa a l'increment en la producció de minerals: la demanda de liti serà cent cops superior a mitjan segle. La de níquel set vegades. La de coure, sis, igual que el manganès. O la de cobalt, quasi quatre.

En conseqüència, les tecnologies d'energies netes emergeixen com el segment que experimenta una crescuda més ràpida de la demanda de la majoria de minerals, evolucionant de nínxol de mercat a principal consumidor.

Alícia Valero, enginyera química, investigadora al CIRCE, autora del llibre *Thanatia, els límits materials de la transició energètica,* sosté que per fer la transició energètica no n'hi ha prou ni amb les reserves conegudes, ni tampoc amb les probables, de materials com el mateix liti, o el coure (les mines han iniciat la davallada), ni de platí, ni de cobalt, ni de níquel, ni de manganès, ni de plom, ni d'or, ni de plata, essencial pels connectors de les plaques solars. Estem a punt, afirma Valero, d'assolir els límits geològics del planeta. Ni quatre planetes serien suficients per obtenir els minerals que calen.

Tant és així que la pròpia AIE, un organisme de l'OCDE, recomanava als països que hi pertanyen que emmagatzemessin aquests minerals. En altres paraules, que acaparin. I això vol dir decréixer. Hem d'entendre, diu Antonio Turiel, que "el decreixement, com a mínim de l'esfera material i energètica, és inevitable, ja ha començat, i s'accelerarà en els pròxims anys". Tot això, sense oblidar que per a la construcció, desplegament i reparació de les energies renovables en calen de fòssils.

HIDROGEN VERD

Així les coses, és possible que la solució de l'hidrogen verd ho sigui de veritat, com afirmen els poders polítics i econòmics? O és una altra manera d'enriquir-se, en detriment de la població que haurà de pagar els fons verds europeus?

L'hidrogen no és una font d'energia, és un vector energètic que cal produir. Es fa amb la hidròlisi de l'aigua, que amb el pas de l'electricitat, permet obtenir hidrogen. Però es té la capacitat de disposar d'aquests excedents d'energia? La tecnologia existeix, però la producció d'hidrogen es pot escalar fins on faci falta? O, com acabem de llegir, el baix rendiment de les renovables i la manca de materials i minerals, i, per tant, l'augment dels preus, fa impossible construir i explotar les fonts d'energia renovable que caldrien? Afegeix Turiel: "La pròpia estratègia europea de l'hidrogen (que té un rendiment encara més baix que les renovables) reconeix que Europa no es podria autoabastir d'hidrogen. Que necessitaria els territoris del voltant o de d'altres països per abastir-se".

I no només energia, sinó també aigua per fer la hidròlisi, un bé escàs a molts indrets del planeta (cada cop més) que generarà guerres (ja ho fa). Com dèiem en el capítol anterior, tenim l'exemple de l'Inga3, un gran embassament al riu Congo que els alemanys pensen utilitzar per obtenir hidrogen que seria transportat fins Alemanya amb trens alimentats amb hidrogen. O el cas de l'immens embassament Renaixement construït a Etiòpia que reté les aigües del Nil Blau i que pot deixar desproveïts a Sudan i Egipte. Les amenaces s'estan entrecreuant entre tots tres països tot i que encara no està ple. A Espanya, ara com ara es disposaria de l'aigua suficient, però és prevista una pèrdua del 25 % en els anys vinents. I la pregunta escau, en detriment de què i de qui seria?

I tot parlant d'aigua, cal observar la seva obtenció indirecta. Diversos països s'emporten els fruits dels conreus que tenen a l'Àfrica (països de la península aràbiga, la Xina...) o els aqüeductes que Israel ha construït des d'Etiòpia i que ja han sobrepassat el mar Roig, tot i que no estiguin en funcionament, que se sàpiga.

Les energies renovables no ompliran, doncs, el buit energètic que deixen les fòssils. De fet, les energies renovables barates s'han acabat. Ara mateix, i en conseqüència, empreses fabricants d'energies renovables estan tancant perquè els preus (energia i materials) els resulten insostenibles.

I l'hidrogen, que només es pot intentar justificar si és obtingut amb excedents d'electricitat procedents de les renovables, encara és menys rendible i necessita una aigua que a les zones hídricament estressades serà objecte de tràfic i provocarà enfrontaments, també entre països.

L'escassetat de minerals i energia, diu Daniela del Bene, investigadora del ICTA-UAB amb el grup d'Ecologia Política i Justícia Ambiental, a *50 graus*, està alimentant l'extractivisme: "Un patró d'extracció massiva en l'àmbit industrial, controlat per empreses transnacionals d'acord amb governs nacionals, sovint avalades i protegides per tractats internacionals, per després treure aquests materials dels països sacrificats d'on s'extrauen, cap als centres de producció i de consum. Aquestes dinàmiques extractives cada cop són més intenses i més violentes. Hem fet un estudi –continua Del Bene– amb totes les dades que hem pogut recopilar des de 2012, i hem vist que els sectors més violents (empreses, cossos paramilitars, interessos ocults, i els propis estats) estan obligant les comunitats a acceptar aquests projectes. Això es fa amb violència directa o amb onades de criminalització de totes aquelles persones que s'oposen o qüestionen el que s'està fent". Atenció, habitants dels països del nord, no us passi el mateix. Estem parlant no només de mineria per extraure aquests minerals que els fan falta, sinó també de jaciments de petroli o gas, de grans extensions de plaques solars o d'aerogeneradors que impedeixen un ús diferent del sòl, i de grans projectes hidràulics que resulten ser molt violents per la quantitat de territori que ocupen els embassaments, els conreus que es perden, i l'enorme nombre de persones que desplacen.

> A les reunions de Davos ja s'ha parlat de les persones com si fossin mercaderia

Per tant, per aconseguir que el sistema capitalista continuï creixent, cal disposar de més territoris per poder produir l'energia renovable que es proposen consumir. És necessari, doncs, que menys gent tingui accés als recursos reservats pels privilegiats, que menys persones en gaudeixin. És a dir, fer pagar el decreixement al sud global, que vol dir incrementar el seu espoli. I augmentar la precarització, la despossessió i la marginació, no només al sud global, també de les persones més desfavorides del nord, que cada cop seran —serem— més pobres o tindrem més difícil l'accés als recursos. En altres paraules, que per mantenir el creixement caldrà fer fora del sistema a la "població sobrant". De fet, a les reunions de Davos, per posar un exemple, ja s'ha parlat de les persones com si fossin mercaderia.

EXCUSES

Sempre que s'ha acordat reduir el consum de fòssils (després de la pandèmia, a París, abans a Kyoto, o després de la crisi de 2008), s'ha volgut fer sense deixar de créixer, i s'ha emprat qualsevol entrebanc (pandèmia, crisi econòmica, escassetat de materials i energia, necessitat de recuperar el PIB, guerra d'Ucraïna) per ajornar l'aplicació dels acords i tornar a posar en marxa el sistema industrial, agroindustrial, de transport (marítim, aeri, terrestre) fent servir combustibles fòssils. Per aconseguir-ho, s'han inventat conceptes —capitalisme verd, Green New Deal...— que, ben amanits, han servit per acontentar la gent explicant-los que es podia retornar als temps passats sense malmetre la biosfera tot i mantenir el creixement.

La necessitat d'energia procedent de la font que sigui s'imposa, i condueix la UE a enganyar. Ho demostra el fet de declarar energies verdes les procedents del gas i de les nuclears. Una barbaritat! Per què? Doncs perquè que siguin verdes o no, no depèn de declaracions polítiques, sinó de fets científics inequívocs. I aquests fets demostren que totes dues són altament contaminants, i causen morts, reals i potencials. Regnen així el cinisme, la hipocresia i l'egoisme. I es perd la vergonya, tota la vergonya. El resultat és un nou abocament massiu de GEH a l'atmosfera tot alimentant, encara més, l'escalfament global.

Els "entrebancs" estan servint així, per amagar les vertaderes causes de les crisis, i han tractat d'imposar la idea que el motiu han estat els "contratemps". I no és cert. La pandèmia, per posar un exemple, ha estat un accelerant, però no la causa. Al contrari, amb quasi tota probabilitat, la pròpia pandèmia arrela els seus orígens en els canvis en els usos del sòl, una de les fonts de l'escalfament global. I aquest canvi, la conquesta de noves terres fins ara inhòspites, ha posat en contacte a nous virus amb els humans.

Quan modifiquem la dinàmica de conducta d'una espècie que té uns reservoris de patògens, modifiquem el cicle dels patògens i podem modificar el seu risc de transmissió. Ens deia el doctor Jordi Serra Cobo a *Catalunya Plural:*[1] "Quan desorganitzem els ecosistemes, sacsegem els virus i els alliberem dels seus hostes naturals. Quan això passa, els patògens necessiten un nou amfitrió. Sovint ho som. És la transferència zoonòtica". És el cas de les epidèmies recents: febre del Zika, virus de l'Ebola, SARS, MERS. I amb molta probabilitat, també la covid-19. És a dir, la pandèmia prové d'activitats humanes que ajuden a l'escalfament, degraden el sòl i destrueixen la biodiversitat. Tot plegat és un seriós perjudici de la salut planetària. Augmenten les plagues i les malalties (el dengue és una amenaça a Àsia, Europa, Centreamèrica i Amèrica del Sud, i l'Àfrica subsahariana), i les víctimes mortals.

Però no tan sols la pandèmia ha servit d'excusa. Quan els mercats no han pogut subministrar recursos (semiconductors, minerals imprescindibles, materials, energia, fertilitzants i ara aliments com el gra o l'oli) s'ha culpat a la pandèmia o a la invasió d'Ucraïna. I

[1] https://catalunyaplural.cat/ca/jordi-serra-cobo-sempre-hi-ha-hagut-epidemies-pero-mai-ni-tan-frequents-ni-daquest-abast-les-amenaces-continuaran/?hilite=cabayol.

no s'ha tingut en compte que totes les crisis estan relacionades i es retroalimenten, que el planeta és finit i que la disponibilitat de materials, minerals, energia, també ho són. O que el canvi climàtic augmenta les sequeres. I que quan falta aigua cal decidir quina és la prioritat: aigua per la indústria, o per ús de boca i regar els camps. Fou el cas de Taiwan, que necessita quantitats ingents d'aigua per produir els xips. Aigua, energia, materials bàsics, tot està relacionat.

O que la multiplicació dels preus de l'energia no és tan sols un problema de la guerra sinó que abans ja estaven pujant, perquè la manca de gas, petroli, i minerals no és conjuntural sinó sistèmica: cada dia costa més extreure'ls. I els minerals també eren i són escassos per nodrir les activitats previstes per assolir el creixement imprescindible: no menys del 3 %. Posem un exemple més: Europa, abans de la guerra, feia servir el 20 % de les matèries primeres que es produeixen al món, de les quals només el 3 % les obté en el seu propi territori. Pel cap baix, doncs, tenia un dèficit de producció del 85 % dels recursos que havia d'importar.

Aleshores, si en aplicació del Green New Deal, del capitalisme verd, Europa vol fabricar més plaques solars, aerogeneradors, acumuladors d'energia, cotxes elèctrics i altres "necessitats" per fer realitat el "somni verd", donada la insuficiència manifesta de recursos, on els anirà a buscar i quines conseqüències tindrà sobre la biosfera i tots els éssers sensibles que l'habiten, persones incloses?

LA GRAN CONTRADICCIÓ

Mitigar cremant fòssils és una quimera. El mateix desplegament de les renovables necessita energies fòssils. Heus aquí la gran contradicció: si abandonem les energies fòssils, diu Ferran Puig Vilar, i implementem les renovables, hi haurà un inevitable decreixement energètic, ens hi posem com ens hi posem. I causarà guerres i marginació per l'obtenció dels recursos. Si, per contra, per mantenir el creixement continuem cremant energies fòssils, els pitjors escenaris climàtics s'obriran camí molt de pressa i esdevindran, en molt pocs anys, irreversibles.

Si de veritat es pretén que la transformació energètica tingui futur i no sigui rebutjada per discriminatòria, és ineludible evitar l'augment de les desigualtats, eliminar els privilegis verds, millor dit, tots els privilegis, i pensar com viure d'una altra manera. És el que es vol de veritat, o només són paraules, llenguatge, propaganda?

> La millor manera de salvaguardar la vida és el decreixement pactat i ordenat

Diu Olga Margalef al documental *50 graus:* "Tenim uns nivells de preocupació finits. Si estàs molt preocupat perquè estàs a l'atur, perquè no saps què menjaràs, no pots estar alhora molt preocupat pel canvi climàtic perquè no es pot suportar tot alhora. Hem de lligar les polítiques que ens facin sortir de l'atur, que ens facin sortir de la crisi econòmica, que ens facin sortir alhora del canvi climàtic, que ens facin transitar cap a un context de justícia ambiental desitjable".

Només hi ha una solució, el canvi de la cosmovisió, mirar-nos el benestar i la vida d'una manera diferent del consum pel consum, que la vida és el més important, i acceptar que la millor manera de fer-la realitat és el decreixement pactat i ordenat (en parlem en el darrer capítol). Contràriament, si és desordenat, causarà un caos del qual aquests dies, amb la manca de minerals, materials, energia, aliments que disparen els preus, n'estem vivint un avançament cada cop més dur, i que podria derivar en violent. En tot cas, la ultradreta, el feixisme, els futurs ecofeixismes, que estan sembrant les llavors, se n'estan aprofitant en estar la dita esquerra desapareguda.

Com la invasió d'Ucraïna posa en evidència la fragilitat alimentària del planeta

El canvi climàtic soscava (ja ho està fent) la sobirania alimentària. I la guerra accentua aquests riscos. Els cereals procedents d'Ucraïna són essencials per a la subsistència de molts països del sud global (també són importants per a Europa, Espanya inclosa). Tant és així, que són clau en la determinació dels preus de les matèries primeres alimentàries a escala mundial. Hi ha un seriós risc d'un xoc en els mercats globals.

El canvi climàtic ha exposat milions de persones a una inseguretat alimentària i hídrica aguda, especialment a l'Àfrica, Àsia, Amèrica Central i del Sud, a les petites illes i a l'Àrtic. Però no només, en el rodatge del documental *50 graus*, el mes de juny de 2021, Ferran Puig Vilar, enginyer superior de Telecomunicacions i editor del blog *Usted no se lo cree*, li preguntava a Marta Rivera, professora d'investigació a Ingenio (CSIC-UPV), que "fins a quin punt —creus Marta— que hi ha risc de interrupcions més o menys brusques de subministrament d'aliments?". I ella responia: "Hi ha més d'un risc pel que fa al sistema alimentari. El primer és la disponibilitat d'aliments perquè s'ha reduït la productivitat dels conreus. A la Mediterrània, la projecció és d'una reducció del 17 %. A Europa, ja s'ha observat una reducció de la productivitat del 5 %. Dades realment preocupants, que ens han de fer pensar en una reorganització del sistema alimentari a escala europea. Per altra banda, ens amenaça una reducció del proveïment energètic. I finalment, l'abastiment també està amenaçat pels fenòmens meteorològics extrems que podrien causar-ne una interrupció".

A totes aquests causes que amenaçaven el normal forniment d'aliments, s'hi ha afegit la guerra a Ucraïna i les posteriors sancions i les respostes de les quals en parlarem més endavant.

Explicàvem en un capítol anterior que, si la temperatura incrementa entre +1,5 °C i +2 °C a escala global, les collites ja no serien estables. Un cop més, ha quedat demostrat que les previsions de l'IPCC es queden sempre curtes, que informe rere informe, els resultats són pitjors del que s'esperava. No ha calgut arribar a +1,5 °C de mitjana global per observar que la productivitat minvava a les zones més afectades pel canvi climàtic, Europa inclosa. Al nord, doncs, no estem a resguard de la crisi alimentària que s'acosta (ja és aquí?).

El canvi climàtic dificulta, i cada cop més i arreu, la producció i l'accés als aliments. Com més vulnerable és una regió, més dificultats apareixen. Els sistemes alimentaris (agricultura, silvicultura, pesca i aqüicultura) s'estan deteriorant per l'excés de les temperatures, les sequeres, les inundacions, els incendis forestals... Però tot això no passa exclusivament pel canvi climàtic. També esdevé per la gestió que el sistema econòmic i cultural vigent fa de la biosfera i que la majoria de la població del nord dominant accepta com l'únic procediment possible.

ALIMENTACIÓ FÒSSIL

"L'alimentació és la primera font d'energia. És així com nosaltres ens mantenim vius", li agrada dir a Antonio Turiel, investigador científic del CSIC a l'Institut de Ciències del Mar. A l'agricultura industrial li fa falta molta energia fòssil, principalment dièsel per la maquinària i el transport. I la fabricació de fertilitzants nitrogenats precisa de gas natural. Dues raons indiscutibles perquè pugin els preus dels aliments, a les quals hauríem d'afegir la Xina, que ha reduït un 90 % les exportacions de fertilitzants. I Rússia, que també ho va fer abans de la guerra contra Ucraïna.

L'any 2019 el biofísic Paavo Jarvensivu, de la Universitat de Helsinki, ens va fer entre d'altres, dues recomanacions essencials: 1) els aliments s'han de produir de manera que es regeneri el sòl en lloc de erosionar-lo, i 2) s'han de transportar persones i mercaderies sense cremar petroli ni cap altre combustible fòssil. En altres paraules, s'ha de treballar en favor de la sobirania alimentària a cada territori, tenint cura de la regeneració dels sòls tot impedint la seva degradació. I només transportar aliments d'una part a l'altra del món en cas d'extrema necessitat. Nogensmenys, entre el 21 i el 37 % del total de les emissions de gasos amb efecte hivernacle (GEH) estan relacionades amb la producció i el consum d'aliments, de les quals entre el 5 i el 10 % corresponen al transport. I és que el sistema agroalimentari industrial que regeix l'alimentació és una màquina de transformar combustibles fòssils en aliments amb una molt baixa eficiència.

El resultat ha estat convertir una necessitat humana ineludible, un dret humà, alimentar-se, en una mercaderia especulativa. Aquesta metamorfosi va començar a finals del segle XIX i es va accelerar el XX amb la "revolució verda" i es va consolidar amb la creació de l'Organització Mundial de Comerç (OMC) els anys noranta del segle passat. En aquest temps, hi ha hagut un notable canvi de paradigma com explica Marta G. Rivera a *50 graus*: "1) Se substitueix una energia renovable com és la força del treball humà, per eines que depenen de l'energia fòssil, com ara el transport, els tractors i la maquinària en general; 2) per produir aliments, es traspassen fronteres agràries, colonitzant i desforestant nous territoris, que prèviament havien emmagatzemat carboni en forma de boscos i que, en desaparèixer, emeten a l'atmosfera en forma de CO_2 (fins ara ha suposat un 30 % del total de GEH); 3) es fan servir fertilitzants nitrogenats (amoni, urea) que també consumeixen energia fòssil i emeten òxid nitrós en utilitzar-los i dipositar-los als sòls".

> En cent anys, s'han duplicat els compostos nitrogenats artificials en el sòl, l'aire i l'aigua

En els darrers cent anys, s'ha produït un efecte gens positiu: s'ha duplicat la quantitat de compostos nitrogenats artificials en el sòl, l'aire i l'aigua. I això és molt perillós, perquè, en excés, el nitrogen és un contaminant que accelera el **canvi climàtic** a través de les emissions d'òxid nitrós, un potent GEH, que enverina l'aigua, els animals, les plantes i els éssers humans. Per tot això, segons els científics del clima, és una de les amenaces més greus per a la humanitat actualment.

Com a fertilitzants també es fan servir el fòsfor i el potassi. Amb el nitrogen, els tres elements clau de la fórmula NPK: nitrogen, fòsfor, potassi. Tots tres conformen la base de l'agricultura industrial. Els tres primers productors de potassa són Canadà, Bielorússia i Rússia. I el quart és la Xina. El principal exportador és Rússia, seguit de Canadà i la Xina. Com veieu Rússia i Bielorússia estan al capdavant de la producció i exportació de potassa. Bielorússia està sancionada des de fa temps i Rússia ho estarà després d'haver atacat Ucraïna. Pel que fa al fòsfor, la principal reserva radica a Fos Bucraa, al Sàhara Occidental (també n'hi ha a la Xina i als Estats Units) ocupat pel Marroc, zona de conflicte per la legítima reivindicació del Front Polisario de celebrar, amb el suport d'Algèria, un referèndum d'autodeterminació que Marroc li nega, amb el suport recent d'Espanya. El fòsfor, a més, és dels tres components bàsics NPK el que està en més perill d'esgotar-se. La guerra, doncs, està empitjorant el sector dels fertilitzants, ja sigui per manca de matèries primeres o de productes elaborats.

Antonio Turiel i Juan Bordera advertien en un article a *CTXT* del 19 de febrer de 2022 titulat Fertilizantes: ¿en la antesala de una gran crisis alimentaria?, que en el pitjor moment de la crisi del gas natural l'any 2021, la majoria de plantes europees de producció de fertilitzants van tancar. I només han obert amb contractes garantits i a preus molt més alts. Seria el cas de Fertiberia, radicada a Espanya però a mans d'un grup inversor internacional. D'altres empreses que han tancat en un moment donat serien Yara International, noruega; CF Industries, estatunidenca; o Borealis Age, austríaca. Pensem que, per acabar-ho d'adobar, la Xina ha reduït les exportacions d'un 90 %, com també Rússia, que tot i disposar de gas natural, va suspendre les exportacions abans de l'atac a Ucraïna. I és que per fer fertilitzants inorgànics s'empra un terç del total de l'energia que es fa servir en el sistema agroindustrial. Més a prop que no pas les indústries hi ha la pagesia, que en molts casos no ha pogut pagar els fertilitzants i ha decidit no sembrar. No sabem quants, però ho sabrem, i serà una mala notícia. No voldria deixar de citar els herbicides i els pesticides que es deriven del petroli i que també estan sotmesos a la crisi dels combustibles fòssils i a la puja de preus.

MONOCULTIUS I DIVERSITAT GENÈTICA

A mesura que l'agricultura ha estat colonitzada per l'agricultura industrial, s'han imposat els monocultius i s'ha perdut diversitat genètica. Això ha comportat menys varietat de llavors i immenses plantacions del mateix producte fins a esgotar-ne la fertilitat. Els pagesos han estat empesos (obligats, de fet) a fer de les seves terres monocultius de varietats homogènies d'alt rendiment. S'han perdut així incomptables varietats de cereals, fruites, verdures i espècies més ben adaptades a la sequera, la calor, la humitat, i també a determinats patògens. Són les conseqüències d'haver deixat l'alimentació a mans de monopolis que tan sols pensen en els dividends dels seus accionistes i en mantenir la producció al cost que sigui i a costa de qui sigui.

Ara que les temperatures pugen acceleradament i els rendiments dels conreus decauen, l'agroindústria intenta recuperar llavors més resistents/resilients que fins ara no tan sols havia descartat, sinó també prohibit.

Després de múltiples fusions, quatre empreses encapçalen la llista de vendes d'agroquímics: Bayer Crop Science (10.374 milions de dòlars), Syngenta Group (10.118), BASF (7.123) i Corteva (6.256 milions de dòlars). Entre les deu primeres també hi ha FMC, ULP, Adama, Somitomo Chemical, Nufarm i Yamgnong Chemical. Després de les deu primeres, nou de cada deu empreses són xineses. Per altra banda, CropLife és la principal organització comercial de les companyies més grans d'agroquímics i de biotecnologia agrícola del món. Aquesta macroorganització representa els seus sis principals membres: Syngenta, FMC, Bayer, BASF, Sumitomo Chemical i Corteva, i defensa els interessos de la indústria de la ciència dels cultius.

Entre els principals objectius hi té garantir que els productes fitosanitaris i les llavors biotecnològiques formin part del suport a l'agricultura "sostenible".[1]

[1] https://systemicalternatives.org/2022/01/17/los-duenos-del-circo-principales-empresas-que-se-benefician-del-modelo-agricola-dependiente-de-los-agroquimicos/.

Totes aquestes empreses han volgut i volen obligar els pagesos a usar tots els seus productes, des de les llavors fins als fertilitzants i pesticides (esclavatge industrial). I no tenen cap interès en evitar, malgrat estar perfectament informades (els primers dictàmens del canvi climàtic són dels anys seixanta del segle passat), els costos ambientals derivats de l'ús de fertilitzants sintètics, pesticides i maquinari que deterioren el sòl i escalfen l'atmosfera amb el vessament de GEH. Es limiten a promocionar eslògans amb conceptes altisonants (màrketing), com "agricultura sostenible", per enganyar la ciutadania generant falses esperances.

Contràriament, sí que s'han ocupat, no tan sols de desqualificar les produccions locals d'aliments i els sistemes de producció d'aliments alternatius (de fet són els sistemes originaris), com ara l'agroecologia, l'agricultura ecològica o la permacultura, sinó que contínuament amenacen la pagesia si no se sotmet als seus interessos. I no oblidem-ho, tot amb la connivència dels poders públics subordinats als poders econòmics dominants (governs al servei dels mercats).

Us faig arribar l'enllaç a un web on es destapen les cares comercials de les grans multinacionals dominadores del sistema alimentari.[2]

La seguretat alimentària, doncs, està indiscutiblement en perill, i agreujada per la crisi dels combustibles fòssils imprescindibles per l'agricultura industrial (fertilitzants, pinsos, transport, funcionament del maquinari). I la guerra, que accelera la inseguretat en disminuir significativament l'avituallament tant d'energia, petroli, gasoil, gas, com de gra i oli de gira-sol, per posar dos exemples que afecten Espanya. Un cas més on es demostren les interrelacions, la interdependència i la retroalimentació entre totes les crisis. En definitiva,

[2] https://www.consumer.es/ca/alimentacion-ca/les-empreses-dalimentaci-que-controlen-el-mercat-a-espanya-i-el-mn.html.

el canvi climàtic soscava (ja ho està fent) la sobirania alimentària. I la guerra accentua aquests riscos explicitats tímidament per l'IPCC.

CEREALS (I GUERRA)

Des de fa molts anys, Ucraïna és cobejada per la capacitat de produir cereals de bona part de les seves terres. Una de les grans riqueses són les terres negres. Hi ha dos "cinturons de txernozem" al món (uns 230 milions d'hectàrees). Un va des de les praderies del Canadà (a Manitoba) i es perllonga per les grans planes dels Estats Units fins arribar a Kansas. L'altre va des de Croàcia fins al sud de Rússia, a Sibèria, recorrent el Danubi i, sobretot, Ucraïna i la Terra Negra de la Rússia Central. A Ucraïna són sòls molt fèrtils, que es caracteritzen per tenir un metre de fondària i estar formats per matèria orgànica rica en fòsfor, potassi i microelements, ideals pels cereals que necessiten de substrats amb aquesta profunditat. La pregunta seria: el nord global estaria tractant de controlar les terres negres a costa del control rus? És aquest un més dels motius de la invasió?

Una de les dues grans zones de txernozem a Ucraïna envolta Donetsk i Lugansk, és a dir, està en zona de conflicte i ara és el moment de plantar les llavors. Què passa? Doncs que el president Zelenski, per assegurar els aliments bàsics als ucraïnesos, ha prohibit la pràctica totalitat de les exportacions (només es poden exportar petites quantitats de panís i oli de gira-sol). I resulta que els cereals procedents d'Ucraïna són essencials per a la subsistència de molts països del sud global (també són importants per a Europa, Espanya inclosa). Tant és així, que són clau en la determinació dels preus de les matèries primeres alimentàries a escala mundial.

Ucraïna és el cinquè exportador de blat del món (i Rússia el primer productor i exportador). Primer de gira-sol, segon d'ordi, cinquè de panís, novè de soia, tercer de patata, setè de remolatxa de sucre... Enguany les exportacions d'Ucraïna haurien de garantir el 12 % de la producció de les exportacions globals de cereals, cosa que no pot fer per la guerra, la prohibició de les exportacions i el bloqueig/ocupació dels ports del mar Negre. No fer-ho causarà un xoc en els mercats globals (el blat és el motor del comerç mundial d'aliments). De fet, el preu del blat ja havia pujat abans de la guerra (no deixa de pujar des de 2016), a conseqüència de les interrupcions de subministrament causades per la covid-19, els esdeveniments climàtics extrems, la disminució dels proveïments energètics i la disminució de la productivitat dels conreus. Amb la guerra, la inestabilitat s'ha multiplicat. A més, i per si fos poc, Rússia és un dels principals productors de fertilitzants, i Bielorússia el principal exportador de potasses.

El nord global estaria tractant de controlar les terres negres a costa del control rus

Si sumem Rússia i Ucraïna, entre totes dues subministren el 30 % del blat mundial, el 20 % del panís, el 75 % del gira-sol, i el 33 % de l'ordi, segons dades de la FAO. A tot plegat hi hauríem de sumar que Europa fabrica l'etanol amb blat (10.000 tones, segons Ecologistes en Acció, l'equivalent a 15 milions de fogasses de pa de 750 grams cadascuna); el bioetanol amb ordi, panís, canya de sucre i sègol; i el biodièsel amb soia, gira-sol, colza i palma.

Els territoris més dependents estan a Àfrica i Àsia. El Líban depèn en un 50 % del blat que procedeix d'Ucraïna, la qual cosa suposa el 35 % de la ingesta calòrica dels libanesos. Una dependència en la ingesta calòrica la pateix també Líbia, que depèn del blat ucraïnès en un 43 %, Malàisia d'un 28%, Indonèsia també d'un 28 %, Bangla Desh d'un 21 %, Iemen (atacat i en guerra amb Aràbia Saudita) d'un 22%, Egipte d'un 14%. També en són dependents Algèria i Brasil, i no oblidem-nos, Palestina.

Així les coses, diversos governs estan restringint l'exportació de gra i d'altres aliments per tal d'assegurar el subministrament intern i evitar tant com es pugui l'augment de preus en el seu país.

PREUS

El 22 de gener del 2022, poc abans de la guerra, Alex Smith, analista d'alimentació i agricultura del Breakthrough Institute, escrivia a la revista *Foreing Policy:* "Hi ha moltes raons per les quals s'ha d'aturar una invasió russa d'Ucraïna abans que succeeixi. La interrupció dels lliuraments d'aliments d'una de les paneres més importants del món, hauria de ser una de les principals. Si una invasió és inevitable, els governs d'arreu del món han d'estar preparats per reaccionar ràpidament per evitar la inseguretat alimentària i la fam potencial, fins i tot enviant ajuda alimentària als països necessitats i accelerant els canvis de la cadena de subministrament per redirigir les exportacions als clients actuals d'Ucraïna".

La FAO informa que els preus dels aliments s'han apujat d'un 33,6 % de març de 2021 a març de 2022. El blat s'ha apujat el darrer mes de març d'un 19,7 % (no sols per la guerra sinó també per la sequera als Estats Units). El panís d'un 19,1 %. L'oli vegetal impulsat per l'oli de gira-sol un 23,2 %. El sucre un 6,7 %. La carn un 4,8 %. I els lactis d'un 2,6 %. Per cert, els lactis s'han apujat en un any, de març de 2021 a març de 2022, d'un 23,6 %. I els països més poderosos i rics del món no han pres les mesures que calien per fer front a una crisi cantada.

El resultat és que ara mateix, i a tall d'exemple, tenim conflictes alimentaris a Palestina (totalment dependent), Turquia (augment de costos exorbitants), Marroc (revoltes per manca de cereals, en especial blat), Shanghai (oficialment per covid-19, però també per manca de subministraments), Sri Lanka (no paga el deute per estalviar dòlars i poder comprar aliments), Kazakhstan (malgrat ser un país exportador), Argentina (amb sequera i manca de proveïment d'energies fòssils), Perú (fan falta fertilitzants), Brasil (no disposa de blat) o Colòmbia (un dels nous punts crítics assenyalats per Nacions Unides per manca d'aliments/fam), i a la República Democràtica del Congo, segona economia d'Àfrica, un país del qual ens emportem les seves riqueses com autèntics saquejadors (coltà, terres rares, diamants, cobalt, coure, or, aigua) i els hi deixem la misèria i la mort, està patint ara mateix la pitjor crisi de fam del món.

Una crisi de fam massiva amenaça milions de persones a l'Àfrica, el Iemen i Síria

Oxfam informava l'abril de 2022 que 260 milions de persones addicionals podrien caure en la pobresa extrema per la covid-19, l'augment de les desigualtats a tot el planeta, i l'augment desorbitat del preu dels aliments. En l'informe "Després de la crisi, la catàstrofe",[3] diu Oxfam que 860 milions de persones podrien viure en la pobresa extrema (menys d'1,90 dòlars/dia) a finals de 2022. De fet, una crisi de fam massiva amenaça milions de persones a l'Àfrica Oriental, el Sahel, el Iemen i Síria. Però no tan sols, perquè l'augment de preus està exacerbant també les desigualtats al nord global. I Espanya no se n'escapa: la inflació del 9,8 % (a març de 2022) suposa una pèrdua de poder adquisitiu de 16.700 milions d'euros que afectarà sobretot les llars amb les rendes més baixes.

[3] https://oxfam.app.box.com/s/hv91efeua9tu2eupykpg0taksojwcb1v.

DIÈSEL

Si a tot plegat li afegim la crisi del dièsel, que va pujant de preu a tot arreu i és imprescindible per a la mecanització agrícola i el transport, es va concretant un mapa que tan sols podem qualificar de desolador: a Europa, es preveu una reducció no menor al 15 %, que condueix a un escenari de racionament imminent (no només del dièsel sinó també del gas i del petroli).

Ens acostem a una crisi mundial del dièsel

A Austràlia, també es plantegen el racionament. A Sud-àfrica ja han limitat la seva venda. A Sri Lanka no en tenen, tampoc al Pakistan, ni a Nigèria, que prefereix exportar el seu petroli que no pas refinar-lo. I a l'Argentina (que ha restringit les exportacions de carn de boví), en plena campanya de recollida de la soia, el seu petroli procedent del *fracking*, explica Antonio Turiel, no és capaç de produir dièsel i han d'anar a comprar-lo molt car als mercats internacionals, posant en perill la collita. I és que cal petroli de qualitat per produir dièsel. Per fer-nos una idea, els Estats Units estaven important dièsel de Rússia el proppassat mes de març, mentre Aràbia Saudita, país productor de petroli, en comprava per acaparar-lo. Ens acostem a una crisi mundial del dièsel.

Tot i aquests problemes indiscutibles, la indústria dels biocombustibles, barruda, pressiona perquè més blat i més panís substitueixin la manca de petroli. Un cop més, primer, el negoci, i després la vida, amb qui la gran indústria agroalimentària està en guerra.

ESPANYA / CATALUNYA

Ara que les vacances de Setmana Santa s'han exhaurit i es torna a la mal dita "normalitat", si no s'atura la guerra de forma immediata (tampoc seria suficient a curt termini), s'accentuaran els símptomes de la crisi que estem vivint i que es fa difícil de comparar amb cap altra de les més recents. Tal vegada la més semblant sigui la de la postguerra, que no recordo més enllà del que a casa em van explicar. S'aplegaran les conseqüències de la crisi econòmica mundial i del canvi climàtic, aguditzades per la guerra. Faltaran subministraments, alguns desapareixeran de les lleixes dels mercats, d'altres n'hi haurà molt menys, com és el cas de l'oli (el d'oliva no pot suplir tot el gira-sol que mancarà). Faltaran cereals perquè el 40 % venen d'Ucraïna. I Argentina, amb problemes de dièsel, no podrà vendre a Espanya els cereals que necessita.

Viurem un racionament determinat pels mercats (vendes limitades), que tant de bo fos organitzat per l'estat que, al cap o a la fi, si manquen aliments bàsics, haurà de fer-ho a través de bons que assegurin a les llars l'accés a aquests aliments. Faltaran derivats del porc, podrien mancar ous, animals de cicle curt (pollastres i conills) i boví, en el cas que no es pugui programar on dur-los a pasturar (el més probable). Faltarà gra i caldrà decidir si es dedica als humans o als animals.

En aquest sentit, deia Gustavo Duch, expert en sobirania alimentària, a la Pilar Sampietro a *Vida Verda*: "Espanya no té cap problema per produir gira-sol, blat o panís per al consum humà. Si en falta és perquè es dedica una bona part a l'engreix dels animals monogàstrics, porcs i gallines. Igual passa a Catalunya, que necessita importar per satisfer la demanda d'humans i animals. Tenir una indústria tan gran d'animals no només està generant un desequilibri en aquest model d'importacions/exportacions, sinó que també configura el sistema agrari català. Si fem una mirada a aquest model, observarem que tot està pensat per abastir els porcs (la majoria de les terres dedicades al conreu de cereals) i no pas a les persones. Contràriament, moltes d'aquestes terres les hauríem de tenir dedicades al conreu de llegums per a l'alimentació dels humans. Com no tenim terres disponibles, ara els llegums, els pèsols, els cigrons, les mongetes... els estem important. I tampoc produïm prou verdures, per manca de sòls dedicats als porcs per exportar".

Si finalment el gra es dedica a les persones, com seria lògic pensar, caldrà sacrificar animals de la cabana. Fet agreujat perquè la crisi del dièsel impedeix la producció de gra per alimentar animals a països que habitualment el subministren a Espanya. És el cas de l'Argentina que proveeix bona part de la soia necessària pels pinsos i perquè el 25 % del biodièsel que es consumeix prové també d'aquesta soia.

QUÈ FER?

Proposa Gustavo Duch: "S'ha d'ajudar a la pagesia, que roman lligada de peus i mans a l'agroindústria, que estan veient com les seves granges estan generant pèrdues, perquè es reconverteixin en petites granges, menys vulnerables. Poden ser finques on els porcs s'engreixin amb els aliments locals i s'estableixi un lligam directe amb l'agricultura local. Desenvolupar aquestes polítiques permetria en bona part resoldre el problema dels purins i de passada, allà on hi havia una sola granja, que n'hi hagi tres. Aquesta atomització comportaria disposar de més terres i l'arribada de més pagesos, i ja sabem que repoblar el camp és un bon camí per fer front al problema".

Agroecologia i sobirania alimentària és el que cal fer, afirma Marta G. Rivera. Això implica transformar els models de producció i consum d'aliments. I no es poden separar: producció i model són inseparables. En el model de producció calen canvis de funcionament, prescindir dels monocultius, diversificar, tornar a usar gra i llavors locals, augmentar la producció de lleguminoses que reduiran la dependència dels fertilitzants, tornar a la ramaderia mixta, cicle d'agricultura i ramaderia al mateix territori, i no separar la ramaderia i l'agricultura, com ha fet l'agricultura industrial.

Cal no separar la ramaderia i l'agricultura, com ha fet l'agricultura industrial

Reconfigurar tota l'agricultura i la ramaderia catalana i espanyola. Es pot fer, és viable. Però si no es redueix el consum de carn, no farem res. Com tampoc si no es redueix el desaprofitament del sistema alimentari. En cas contrari, continuarem depenent de les terres d'altres països.

La pregunta és ineludible: podria la transformació alimentària satisfer les necessitats com ho ha fet l'agroindústria? Es podria substituir l'actual sistema amb una organització agroecològica?

Respon Marta G. Rivera que es podria si minva la demanda. És impossible garantir el consum actual d'aliments, fonamentalment de carn, amb un sistema agroecològic. D'altres països podrien produir carn per a nosaltres però suposaria importar, és a dir, cremar combustibles fòssils, inacceptable si es vol combatre el canvi climàtic. I no seria agroecologia que exigeix no dependre d'insums externs. L'agroecologia busca la màxima eficiència energètica en el procés productiu i en un disseny que estigui d'acord amb els principis ecològics de la natura: retorn energètic, disseny i qualificació del paisatge. A més, ha de fixar carboni al sòl, i l'agricultura amb canvis en el funcionament i en les dietes alimentàries, podria capturar carboni.

Per aconseguir-ho cal superar diferents barreres, la primera és la mental. Cal un canvi de mentalitat.

EPÍLEG

Escriu Pino Delàs a la revista *Sobirania alimentària* el 25 de març de 2022: "La gent que vivim del camp i del bestiar no tenim por del decreixement i, en canvi, sí que ens fa temor l'abandonament i el deteriorament dels ecosistemes que possibiliten la nostra activitat. Per contra, les grans empreses només veuen sortida en la millora de la taxa de beneficis a base d'incrementar les desigualtats i deixar d'assumir, si cal, els límits biofísics del planeta.

Defensar el treball agrari davant del capital és crucial per imaginar i garantir una alimentació segura i sana als nostres pobles i ciutats. Entre nosaltres no existeix la pagesia bona i la dolenta. Existim els qui treballem la terra i els qui la creuen dominar. Cal atendre la realitat social del camp, gestionar les contradiccions, construir alternatives versemblants i donar suport a les lluites camperoles inequívocament. Els camperols hem començat un període de mobilitzacions llarg i hi haurà oportunitats per a la lluita compartida. Teixir una aliança de l'ecologisme amb el moviment per la sobirania alimentària, amb els camperols, seria una llavor esperançadora".

El gran risc de negar o manipular l'evidència

L'autoengany no serveix davant d'una crisi global de proporcions devastadores per a tot el planeta. L'autoengany s'alinia amb els interessos econòmics de les elits del poder, que s'avantposen a la vida. Unes elits que aconsegueixen crear el miratge de què lluiten contra el canvi climàtic, però en realitat només defensen els seus interessos.

La cimera de l'OTAN del juny del 2022, celebrada a Madrid, va acabar amb una redefinició dels seus conceptes estratègics (objectius), que clarament es poden qualificar de bel·licistes: 1) Rússia és l'amenaça més directa i significativa (l'any 2010 era un amic) per a la seguretat, la pau i l'estabilitat a l'àrea euro atlàntica. 2) La Xina és un desafiament sistèmic als interessos, la seguretat i els valors de l'Aliança. 3) L'aprofundiment de l'aliança estratègica entre la Xina i Rússia, amb els intents complementaris de debilitar l'ordre internacional basat en regles, va en contra dels nostres valors i interessos (els de l'OTAN). 4) Els veïns del sud de l'OTAN, en particular el Pròxim Orient, el nord d'Àfrica i les regions del Sahel, afronten desafiaments demogràfics, econòmics, polítics i de seguretat, que, agreujats pel canvi climàtic i la fam, ofereixen un terreny fèrtil per a la proliferació de grups armats no estatals i organitzacions terroristes.

La cimera es va fer, i no és una dada menor, quan es multiplicaven les veus que advertien que és inevitable que Ucraïna perdi la guerra —el mateix Jens Stoltenberg, secretari general de l'OTAN, va dir el 12 de juny que ben aviat el govern ucraïnès es veuria obligat a demanar la pau—. Fins i tot als Estats Units la idea de la derrota va arrelant. Al president Biden no li funcionen les polítiques que proposa. Sis mesos després d'haver començat la guerra, i havent-se gastat 8.000 milions de dòlars dels 40.000 de què disposa, creix la seva impopularitat i ja és pitjor valorat que Trump. En general, els estatunidencs no estan disposats a pagar les conseqüències econòmiques. Per exemple, un 78 % dels demòcrates estan disposats a pagar més pel combustible, per tan sols un 44 % dels republicans.

Però encara més, als aliats europeus, la crisi energètica derivada de la guerra ha causat que la Comissió Europea hagi dit als seus membres que redueixin un 15 % el consum del gas. Contràriament, als països de l'Est europeu, amb l'excepció de l'Hongria de Viktor Orbán,[1] víctimes recents de l'ocupació russa, els agradaria intensificar una guerra que no volen perdre per la seva enemistat manifesta amb Rússia.

En tot cas, les conseqüències de la declaració de l'OTAN, a més de l'increment de la tensió i d'instal·lar la idea de la confrontació armada al cervell de la gent (Macron ha anunciat la recuperació del servei militar obligatori), significa augmentar el pressupost militar com a mínim fins al 2 % del PIB. Ara, formalment, la inversió es correspon a l'1 % del PIB i està previst augmentar-lo en un 0,2 % fins a 2025.

---

[1] Orbán vaticina que Ucraïna "no guanyarà mai" la guerra i que la pau serà el 2024, https://www.elperiodico.cat/ca/politica/20220723/orban-vaticina-ucrainesa-perdra-guerra-14150268.

Però per saber el pressupost militar real no s'ha de buscar tan sols a la cartera de Defensa sinó que està camuflat a les partides d'altres ministeris. Així, i segons les dades del Stockholm International Peace Research (SIPRI), la despesa militar espanyola va augmentar un 5,6 % l'any 2021 (19.500 milions de dòlars) per situar-se en l'1,4 % del PIB. Si es vol arribar al 2 %, cal augmentar-lo en un 0,6 % del PIB (1.000 milions ja compromesos a descomptar). I no descartem partides tan ben amagades que no s'han pogut detectar. Formalment, un 2 % del PIB suposaria una inversió en l'àrea militar de 22.000 milions d'euros. Per fer-nos una idea, el pressupost a Treball és de 30.000 milions.

> La CE ha dit als països membres que redueixin un 15 % el consum de gas arran de la guerra

Sigui com sigui, augmentar la despesa militar quasi sempre ha significat reduir les partides que es preocupen per la vida de les persones i no pas les que investiguen com matar-les. Per exemple, protecció del medi ambient i emergència climàtica, salut/sanitat, educació, protecció social, pensions, habitatge, serveis comunitaris. És a dir, allò que la socialdemocràcia més progressista anomenava "Estat del Benestar", i que no era altra cosa que redistribuir part de la riquesa i pagar el repartiment, espoliant el sud global i en especial Àfrica. Aquest espoli no tan sols perdura sinó que funciona més que mai, emprant la violència, apropiant-se dels recursos i empobrint habitants i estats (no a les castes dirigents) sense preocupar-se del futur dels desposseïts.

Veurem com es concreten els recentment aprovats pressupostos a Espanya, definits com els més "progressistes", i si són eficients per encaixar els diners que haurien de servir per posar la vida al centre, amb l'obligació acceptada d'augmentar la capacitat de matar. Així d'entrada, un oxímoron.

EL MISSATGE DE DAVOS

A Davos, Suïssa, es reuneixen cada any les elits del capitalisme polític i econòmic del Nord, financer, especulador, governant, amb la intenció d'imposar els seus criteris de present i futur a la resta dels habitants del planeta. Estan treballant-se l'esdevenidor que desitgen pels seus interessos hegemònics, dominadors, excloents, *necropolítics* [Achille Mbembe defineix la *necropolítica* com el poder de què disposen les elits governants per donar la vida o la mort] tot explicant, predisposant i finalment imposant, la societat que tenen predissenyada a polítics, influencers, lobbies, societat civil domesticada, serfs i companys de viatge, perquè participin de la construcció de la seva societat del futur.

> L'Agenda de Davos pretén fer desaparèixer els estats i l la democràcia tal com els coneixem

Un primer objectiu de l'Agenda 2020/2030 escrita a Davos és fer desaparèixer els estats i la democràcia tal com els coneixem. Una idea que després es repetirà quan parlem de l'informe *Horizon*, presentat per la gestora de patrimonis del grup suís Pictet (Pictet Wealth Management, Pictet WM).

L'objectiu, tot mirant 2030, és anar transformant els components dels governs, que de ser formats en exclusiva per polítics elegits, mutarien a una barreja de polítics i representants de les grans corporacions (econòmiques, financeres, energètiques, agroalimentàries...) controlades per les elits. La idea seria que la política no pugui prendre cap decisió sense el vistiplau del món econòmic dominant. Ara ja està passant i del que es tractaria és que no pogués funcionar de cap altra manera. Així canviaria el concepte d'Estat, del qual formarien part sense haver de ser escollits els representants de les grans corporacions (elits) que, de fet, en prendrien el control. En realitat és portar a l'extrem el model nord-americà (recordem al president Eisenhower, un general, tot parlant del control que exercia el complex militar/industrial).

La primera cosa a fer per aconseguir-ho seria/és desprestigiar els governs perquè no tinguin força/credibilitat per oposar-s'hi, la qual cosa és, a hores d'ara, pública i notòria. Posem un exemple, i tant li fa si és veritat, mentida, inventat, *fake*, perquè estem parlant d'influència, objectius, resultats i no de coneixement: segons una nova enquesta de l'Institut de Política de la Universitat de Chicago, la majoria dels nord-americans diuen que el govern és corrupte i gairebé un terç diu que aviat serà necessari prendre les armes contra ell.[2]

Simultàniament, s'exerciria un gran control de la ciutadania i de la societat (tant des del sistema públic com del privat). Les amenaces globals (pandèmies, guerres, la falta d'energia i recursos, l'emergència climàtica) i el món digitalitzat (controlat pels que fabriquen els diners i són els amos de la mal dita seguretat) així ho permetrien i ho farien possible (de fet, ja ho estan fent) en nom de l'esperança i la seguretat, encara que sigui (i serà) sacrificant la llibertat. (I no hem d'oblidar que, per molt que bramin, no hi ha seguretat sense llibertat.)

Per tirar endavant el projecte, els hi cal controlar tots els diners, que no hi hagi diners físics d'origen públic fabricat pels estats que permeti a la ciutadania viure, moure's sense control. I la millor manera d'aconseguir-ho és digitalitzant els diners: tot de plàstic, tots apunts comptables fàcils de fer desaparèixer. D'aquesta emissores, sinó que el seu comportament estarà sotmès a avaluació permanent i constant, de manera que el seu capital podrà ser bloquejat, fet desaparèixer, tan sols amb una "apagada" de

2 https://thehill.com/homenews/3572278-nearly-one-in-three-americans-say-it-may-soon-be-necessary-to-take-up-arms-against-the-government/.

la targeta: que et comportes malament, multa; molt malament, retirada temporal de l'accés als teus diners fins que rectifiquis públicament i et redimeixis; que ets un enemic del règim governant, retirada de la targeta; que ets subversiu, els elimino per sempre. Però no tan sols, si tens una visió alternativa que es contraposa a la de les elits, se t'acusarà d'estar desinformat i desinformant les persones, tot perjudicant el futur de la majoria i també se't podrà "apagar".

Tot aquell missatge que no coincideix amb els interessos de la UE es considera desinformació

La norma bàsica és de la UE i ve a dir: tot aquell missatge que no coincideixi amb les necessitats i interessos de la UE, es considerarà desinformació i s'hi actuarà penalment en contra. La norma és prou ambigua per a ser interpretada i/o executada arbitràriament.

Algunes dades sobre el decret del Govern espanyol: "Estrategias de desinformación". Orden PCM/1030/2020, de 30 d'octubre, aprovat pel Consell de Seguretat Nacional.[3]

Segons el decret, la Comissió Europea defineix la desinformació com a informació verificablement falsa o enganyosa que es crea, presenta i divulga amb finalitat lucrativa o per enganyar deliberadament a la població, i que pot causar un perjudici públic. En aquest perjudici públic, inclou les amenaces als processos democràtics i als béns públics com la salut, el medi ambient o la seguretat, entre d'altres. Es diu que l'objectiu de les actuacions serà donar suport al foment de la informació veraç, completa i oportuna, que provingui de fonts contrastades dels mitjans de comunicació i les Administracions en el marc de la comunicació pública.

La pregunta és, deixant de banda la mala fe, són de fiar les actuacions descrites? Quins són els criteris que es fan servir per asse-

[3] https://www.boe.es/buscar/doc.php?id=BOE-A-2020-13663.

gurar que la informació és veraç, completa, contrastada i oportuna? On i quines són les garanties d'actuació justa i no partidària? Són criteris similars als aplicats per no fer cas de les alertes científiques sobre la gravetat del canvi climàtic, de l'emergència que vivim?

Us faig a mans un llistat d'alertes climàtiques, indiscutibles pels científics, evidents a la vida quotidiana, de les quals no tan sols se n'ha informat malament, sinó també amb mala fe: Escalfament global. Crisi energètica: dels combustibles fòssils (al gas li falta poc). Degradació/destrucció de la biosfera. Pèrdua crítica de la biodiversitat. Sobreexplotació/degradació dels ecosistemes. Traspàs de noves fronteres per obtenir més recursos: Crisi de l'aigua. Crisi dels aliments: els sols sotmesos a temperatures extremes i a la manca d'aigua, degradats i sobreexplotats, són cada cop menys productius. Recursos cada cop més escassos per culpa de l'augment del seu ús i a viure en un planeta finit: fem servir més recursos que són limitats. Explotació/espoli del sud global al qual el nord roba els recursos per assegurar-se la mateixa supervivència, siguin quines siguin les conseqüències.

No s'aplica la Justícia Global: en cap cas (elits al marge) al sud i reduint-se encara més i ràpidament al nord. Transferència de diners dels més pobres que cada cop ho són més, cap als més rics que n'acumulen més i més. El canvi climàtic afavoreix la desposessió. Augmenten les migracions i les persones que moren després d'abandonar casa seva: als camps de concentració, al desert, en els camins cap a nous destins, al mar. *Necropolítiques*: capacitats de les elits de decidir qui mor i qui viu.

Mantra que no es pot discutir: el creixement és imprescindible. No hi ha alternativa al creixement que precisa el sistema econòmic, el capitalisme, per prosperar/sobreviure. El capitalisme és l'únic sistema econòmic i és inevitable. Salut planetària: heu sentit a dir a lobbies, financers, inversors, elits capitalistes, que el capitalisme mata? Mireu dades de contaminació, escalfament, desastres climàtics, pèrdua d'aigua i aliments, processos migratoris, i sabreu el nombre creixent de víctimes mortals evitables.

Heu sentit a dir a les elits capitalistes, que el capitalisme mata?

En definitiva, us han parlat que vivim en un planeta finit, dels límits planetaris? Aleshores, per què ens hem de creure que la persecució de *fakes*, informacions alternatives, altres maneres d'observar el món, són interessades i amb finalitats malignes? Com podem saber, amb els antecedents de governs i elits, que les actuacions no seran ideològiques, per satisfer interessos econòmics, interessades, a benefici de minories, en favor de les elits que ens governen.

Fixeu-vos-hi bé, per evitar que ens "enganyin" ens estan prohibint el debat democràtic, essencial per al progrés de la vida humana en llibertat. I no en tingueu dubte, perquè les dades així ho acrediten, tot això és el que les elits (Davos) estan assajant en els Cyber Polygons de 2019, 20 i 21. Més seguretat: sacrificar la llibertat. Més control: por. Més colonització del cervell: persuasió.

INVERSORS

Com dèiem unes línies abans, la divisió de gestió de patrimonis del grup suís Pictet, explica en el seu nou informe *Horizon* que la pandèmia va obligar els governs a intervenir per restringir massivament l'economia i les llibertats individuals en interès de la salut pública. Ara entraríem en una segona fase, en la qual la transició ecològica avançarà associada a la creació, "retorn" es diu a l'informe, d'un "Gran Govern" global que limitarà les llibertats econòmiques.

Horizon atribueix la culpa al capitalisme, que hauria provocat quatre grans externalitats negatives en els darrers cinquanta anys: el canvi climàtic, que està destruint la biosfera; obstacles creixents per accedir a una atenció sanitària de primer nivell; la disminució de l'eficàcia dels sistemes educatius públics, i desigualtats de riquesa i renda, associades a la polarització social.

I afegeix que, per tant, caldria augmentar les inversions en els capítols que situen la vida, les persones, en el centre de les actuacions. Però res més lluny dels vertaders objectius. Posar la vida en el centre per a les elits, res té a veure amb renunciar a la capacitat de prendre-la. Les elits no fan propostes *gratia et amore*, sinó que en volen un benefici màxim: mantenir les regnes del poder tot fent veure que les coses fan un tomb, però creant un miratge prou potent per a camuflar que el canvi no és real i que no estem vivint el mateix capitalisme de sempre. (Tot canvia perquè de debò no canviï res.)

I així es configuraria el "Gran Govern", on hi hauria les grans corporacions que, com explicàvem, governarien sense passar per les urnes, en favor dels seus interessos i objectius (no els de la majoria) i atorgarien als governs formalment elegits el paper de comparses. Tot convenientment amanit perquè la gent (que perdrà la condició de ciutadà) pugui comprar la nova cosmovisió, empassar-se els marcs d'interpretació, i fer-los-hi cas, és a dir, obeir.

Pictet és una de les gestores de patrimonis de més prestigi del món i, per tant, està en contacte amb poder autèntic. Disposa d'actius per un valor superior als 650.000 milions d'euros. No és d'estranyar que faci propostes i consideracions coincidents amb les del Fòrum Econòmic Mundial. Ni s'ha de menystenir que anticipin les intencions dels governs que tallen el bacallà de voler restringir les llibertats per combatre l'escalfament. És un indicador indiscutible del catastròfic problema que vivim, la crisi climàtica, social i econòmica que ja és entre nosaltres i que amenaça la pròpia continuïtat i perpetuació de les elits.

I és aquí on resideix l'amenaça, en les pròpies elits que potser sí que volen un canvi de rumb però és un canvi supeditat —no ens cansarem de dir-ho— en la seva reproducció i posicionament a la cúpula del poder. I si les coses no van bé —i no els aniran bé perquè els límits planetaris són els que són i les solucions tecnològiques no funcionen ni de miracle—, aleshores decidiran repartir els recursos disponibles tot calculant quantes persones hi caben en funció de la disponibilitat i el nivell de vida que volen per elles. És a dir, decidir qui pot viure dins del nou sistema i qui seria expulsat o no se li permetria entrar.

De fet, està passant. Mirem els morts que causen els processos migratoris procedents del sud global als camps de concentració (li diuen refugiats, però): Sàhara, Mediterrània, ruta a Canàries, i tanques Ceuta, Melilla, est d'Europa o frontera dels EUA per posar alguns exemples. O amb els conflictes que s'impulsen per assegurar els recursos, —petroli, gas, urani, minerals crítics, terres fèrtils, aigua...— que proporcionaran territoris convertits en estats fallits. O en el procés de despossessió que comporta el canvi climàtic, que està transferint els diners dels més pobres als més rics (no tothom té les mateixes oportunitats de respondre al clima extrem). O en el procés d'empobriment que s'està generant a les societats del nord amb la disminució de la qualitat i l'esperança de vida. Vigent al sud... i al nord.

POLÍTICS I LLUITA CONTRA EL CANVI CLIMÀTIC

"No podem deixar per més temps que els poderosos decideixin què és l'esperança. L'esperança no és passivitat. L'esperança no és 'bla, bla, bla'. L'esperança és dir la veritat. L'esperança és actuar." Així es referia l'activista sueca Greta Thunberg a l'actitud dels polítics i la gent amb poder davant l'emergència climàtica. Cal donar-li raó. Des de la política, a més de les crítiques despectives cap a ella, ha abundat el "bla, bla, bla". Moltes paraules i poca acció.

Hi ha hagut polítics que han fet el salt de la negació de la responsabilitat humana en el canvi climàtic a acceptar-la. L'ex-primer ministre espanyol Mariano Rajoy va passar de dir, el 2007, que un cosí seu científic li havia dit que era impossible predir el canvi climàtic i que no se'l podia convertir "en un gran problema mundial" a considerar, el 2015, que "és el repte més gran mediambiental al qual ens enfrontem". Boris Johnson, ex-primer ministre britànic, també ha fet el mateix camí i de dir que atribuir l'escalfament del Planeta a l'acció humana "està mancat de fonament científic", quan era alcalde de Londres, va passar a acabar acceptant la necessitat de lluitar per mitigar-lo, quan ja era primer ministre. La líder de la ultradreta francesa, Marine Le Pen, ha passat de ser negacionista a proposar que es combati el canvi climàtic tancant les fronteres als migrants.

> Polítics que negaven la responsabilitat humana en el canvi climàtic, ara l'accepten

Hi ha també polítics, però, que continuen entestats a negar l'evidència. El ex-primer ministre brasiler Jair Bolsonaro, l'expresident dels Estats Units, Donald Trump, i dirigents de l'extrema dreta europea com l'espanyol Santiago Abascal o l'austríac Thierry Baudet insisteixen a negar el que els científics han constatat des de fa molts anys. A vegades no són els polítics sinó els jutges —com la majoria conservadora del Tribunal Suprem dels Estats Units— els que posen bastons a les rodes del combat contra el canvi climàtic prohibint a l'Agència de Protecció Ambiental que reguli les emissions de GEH de les centrals elèctriques.

A Catalunya i Espanya tenim lleis de canvi climàtic farcides de bones paraules que no s'han traduït en accions valentes i contundents. El risc és, ara, que al "bla, bla, bla" dels polítics que denuncia Thunberg s'hi afegeixi la reculada davant la precarietat de subministrament energètic causat per la guerra a Ucraïna. El 70 % de l'energia elèctrica de l'Índia, el tercer país més contaminant del món, procedeix del carbó. El seu primer ministre, Narendra Modi, ha posat com a data de zero emissions el 2070, dues dècades més tard que els Estats Units.

Recuperar i potenciar ara el carbó com a font energètica, com alguns països estan fent, és una nova passa enrere. Els dirigents europeus acaben de donar llum verda a la consideració del gas i l'energia nuclear com a fonts verdes d'energia. Però no tan sols. La UE, per demostrar a Putin que no té possibilitats de guanyar la guerra, ha decidit relaxar el control de les emissions per compensar la manca de gas rus amb altres fonts d'energia més contaminants.

Brussel·les considera imprescindible recuperar la producció amb carbó i fins i tot incentivar-la amb subvencions públiques. És a dir, que és preferible declarar la guerra a la biosfera i a tots els éssers que l'habitem que retrocedir davant Putin. Un assassinat, un suïcidi.

La lluita contra el canvi climàtic perd així batalla rere batalla. I són els polítics europeus, suposadament entre els més avançats en la lluita contra el canvi climàtic, els que han adoptat aquesta decisió, els responsables d'aquesta pitjor que derrota perquè ens condueix a l'autodestrucció, al col·lapse, a la desaparició: a la mort.

MITJANS I SOCIETAT

Els mitjans han de ser plataformes il·luminadores que descabdellin la complexitat i la facin entendre als seus públics. És necessari que donin respostes emancipadores sobre els esdeveniments, amb l'objectiu que els ciutadans prenguin les millors decisions possibles al llarg de les seves trajectòries vitals. I encara més: tenen l'obligació de facilitar el diàleg, la pau, i defensar els que no tenen veu, bo i assenyalant les injustícies.

En termes generals, molt poques d'aquestes obligacions s'estan complint. Televisions, ràdios i diaris —*on* i *off line*— conjuntament amb les xarxes socials, incompleixen el rol que haurien de dur a terme en qualsevol societat democràtica. Contràriament, s'han convertit en una potent eina de distracció massiva, que fragmenta, aïlla, anul·la la capacitat crítica, distorsiona el debat i, al mateix temps, roba l'atenció —i, per tant, el temps— dels individus.

La societat civil i els mateixos ciutadans han perdut el control dels continguts i de l'agenda pública, que estableix i jerarquitza allò que és important, destriant-ho del que no ho és. Només en comptades ocasions determinats moviments socials aconsegueixen marcar l'agenda informativa i política.

En la nova societat digital, les notícies es converteixen en mercaderia. Això vol dir que l'element més important d'una informació és el nombre de clics que obtindrà. No és que abans, durant la societat analògica, els periodistes no fessin cas del que volia el públic, però el fet és que existia un cert equilibri entre l'interès públic i l'interès del públic, que no sempre coincideixen. En l'actualitat s'han superat tots els llindars. Els continguts s'adapten en excés a allò que vol escoltar la gent: les informacions passen pel sedàs de l'amabilitat i, de vegades, fins i tot s'endolceixen perquè no angoixin ni atabalin.

Es reconeix enguany en el mateix informe anual sobre mitjans digitals, que publiquen conjuntament l'agència de notícies Reuters i la Universitat d'Oxford, respecte a la informació sobre crisi climàtica i escalfament global. Majoritàriament, la gent fuig d'aquests continguts i els editors "suavitzen" la informació científica i la fan més "amable".

La societat digital no vol saber què hi ha més enllà de la seva zona de confort, malgrat que en depèn la supervivència de tots.

No vol "mirar a dalt", si ens permet, estimat lector, un símil amb la pel·lícula dirigida per Adam McKay i protagonitzada per Leonardo DiCaprio i Jennifer Lawrence. Més enllà de la sàtira, hi ha un fet prou significatiu que evidencia el film: la importància de la gestió i processament de les dades massives que s'extreuen dels nostres ordinadors, mòbils i altres aparells —sovint sense el nostre permís— per preveure la nostra conducta.

La capacitat de processament de què disposen les grans tecnològiques ens condueix a un canvi radical de paradigma. Per una banda, ja no importa el perquè dels esdeveniments (saber el perquè de les coses emancipa) sinó que allò que realment és rellevant és el "què" dels successos. Què succeeix. Què està passant en un moment determinat i quines són les correlacions que s'estableixen amb un fet per poder preveure, com dèiem, futures conductes. Ara bé, la correlació no estableix cap certesa, sinó únicament una probabilitat. Per això en la pel·lícula *Don't look up* tot se'n va en orris.

El canvi d'enfocament, és a dir, la substitució de la verificació de la hipòtesi com a metodologia científica, per la probabilitat de la certesa d'un fet o conducta, canvia la nostra percepció de veure i entendre el món. Cada vegada hi ha més exemples d'esdeveniments en els quals no ens preguntem les seves causes. Vegem-ho.

En el moment d'escriure aquest article, el nostre territori havia patit tres onades de calor, una d'elles el mes de maig! Malgrat tot, pocs mitjans havien evidenciat i dimensionat adequadament els per què, les conseqüències respecte a la sobirania alimentària i quines accions s'haurien d'emprendre per mitigar el xoc climàtic. No s'anava més enllà de destacar-ne la immediatesa del risc d'incendis, la necessitat de protegir-se dels cops de calor i l'estalvi d'aigua. Tot plegat, qüestions molt importants, però al capdavall es defugia d'explicar les causes, les conseqüències, les possibles solucions i el més important: l'anàlisi d'un fenomen perquè s'entengui i es dimensioni adequadament. Si això no es fa, és que no interessa el que succeeix. Es nega l'evidència.

Vivim, doncs, en la societat de l'autoengany. I si bé en altres èpoques l'autoengany havia funcionat per sobreviure, ara no serveix davant d'una crisi global de proporcions devastadores per a tot el planeta. L'autoengany s'alinea amb els interessos econòmics de les elits, que s'avantposen a la vida. L'autoengany ens allunya de la necessitat de prendre consciència del que succeeix realment. D'entendre correctament l'abast del què està passant per posar-hi remei.

> L'autoengany havia funcionat per sobreviure. Ara ja no serveix

Així opera una part del sistema de dominació. I la majoria dels mitjans de comunicació reprodueixen aquest esquema. Però n'hi ha d'altres. Un altre mecanisme de control funciona creant narratives que distorsionen i que s'emboliquen com una troca entorn de la certesa d'un fet. Quan això passa s'esperona el dubte i es crea una limitació: la impossibilitat d'arribar a la veritat d'un fet perquè aquesta és interpretable. Per això tot es qüestiona. Quan els fets es posen en dubte perquè la veritat depèn de qui la diu, aleshores es tendeix a considerar com a cert allò que a l'individu li agradaria que ho fos o que, simplement, sent que ho és.

Com dèiem, el paradigma ha canviat radicalment. Si abans n'hi havia prou en separar els fets de les condicions que els creaven per revelar el possible engany, ara s'ha de demostrar la certesa d'uns fets als quals s'acusa d'ideològics (s'entén ideologia com un sistema de creences més enllà de la política: també inclou valors i fins i tot la manera d'entendre el món i de raonar).

Quan diem que una onada de calor és "excepcional" establim un marc d'interpretació de la realitat que ens diu que allò que està passant és una excepció, que no és comú (d'acord amb el diccionari de l'Institut d'Estudis Catalans). Però titllar de situació "excepcional" les successives onades de calor (que també succeeixen a altres indrets del planeta) contradiu el que estan dient els científics des de fa temps, que aquests fenòmens seran cada vegada més freqüents, duradors i intensos, com s'està demostrant. Malgrat tot, les autoritats que apareixen als mitjans de comunicació continuen entestades a distorsionar la realitat, i les seves declaracions es reprodueixen sense qüestionar-les. En fer-ho, es desmenteix per omissió l'evidència científica.

Essencialment, així funciona l'autoengany o el que alguns autors com Robert Proctor, defineixen també com a "construcció social de la ignorància" —ignorància entesa com allò que no és cert—. Quan s'activa aquest fenomen, la certesa dels fets es dissol i, en conseqüència, ens desconnectem de la realitat.

I encara més. A aquesta cerimònia de la confusió s'hi afegeix la reivindicació de la ignorància en contraposició a les argumentacions de científics, investigadors, acadèmics o simplement, persones expertes en determinats fenòmens o successos. Això ja ho va advertir Ortega i Gasset en el seu assaig *La rebelión de las masas*, escrit el 1929. L'esperit de l'home massa —aquell que es creu amb el dret a imposar el seu criteri, malgrat que sàpiga i el consideri vulgar— no ha fet més que créixer i desenvolupar-se de tal manera que avui en dia no solament l'home digital se sap ignorant, sinó que fins i tot proclama i reclama per les xarxes el seu dret a la barbàrie.

De tots nosaltres depèn si volem continuar sotmesos a la minoria d'edat autoimposada o preferim, com a ciutadans adults i lliures, escoltar la realitat, entendre-la i posar-hi remei, costi el que costi. De si preferim mirar cap a una altra banda o complir amb el nostre deure de ciutadans i exigir actuacions immediates. Sigui en l'àmbit que sigui. Únicament de nosaltres depèn ser individus mesells amb el cap cot o ciutadans responsables i exigents amb els drets, però també amb els deures. Ens hi va la nostra supervivència.

EPÍLEG

La crisi social, no tan sols l'emergència climàtica o energètica, és tan greu que científics, gent de rebel·lió científica (ecòlegs, ambientòlegs, divulgadors) de reconegut prestigi, farts de mentides, paraules buides, de la inacció política i econòmica, foren reprimits el 6 d'abril de 2022, i alguns detinguts per la Brigada Antiterrorista el 16 de juny, pel fet de manifestar-se al Congrés dels Diputats on hi van fer una pintada esborrable (sang falsa i biodegradable feta amb aigua i remolatxa). Quan la ciència és reprimida i perseguida per no expressar el pensament oficial, al cap ens ve la inquisició. Fets que crèiem del passat i que tornen i són notícia d'avui. Molt perillós.

Per explicitar fets com els descrits, val la pena recollir el final de l'entrevista que Juan Bordera i Ferran Puig Vilar feien el 21 de juliol per a CTXT a Dennis Meadows,[4] un dels autors del premonitori informe de fa cinquanta anys, *Els límits del creixement*. I emprem aquest darrer paràgraf perquè explicita tot el que hem escrit i acabeu de llegir. Diu així: "Crec que veurem més canvis en els pròxims vint anys que els que hem viscut en els últims cent. No vull que passi el que diré, però crec que és el més probable: hi haurà desastres significatius a causa del caos climàtic i l'esgotament dels combustibles fòssils. Això tornarà la humanitat a estats més descentralitzats i desconnectats. Lentament, evolucionaran cultures que estiguin

[4] https://ctxt.es/es/20220701/Politica/40230/Dennis-Meadows-crecimiento-limites-colapso-crisis-ecologica-decrecimiento.htm.

més preparades per a la situació. Només així, crec, podrà aparèixer una 'nova cosmologia' apropiada".

REFERÈNCIES

Andrejevick, M. (2009) Critical Media Studies 2.0: an interactive upgrade. *Interactions: Studies in Communication and Culture* 1 (1).

Converse, P.E. (1964) The nature of belief systems in mass publics. *Critical Review* 18: 1-74.

Gerring, J. (1997) Ideology: A definitional analysis. *Political Research Quaterly* 50 (4): 957-994.

Hamilton, M.B. (1987) The elements of the concept of idelology. *Political Studies* 35: 18-38.

Higgins, K.(2016) Post-truth: a guide for perplexed. *Nature* 540: 9.

Kinder, D. R. (2006) Belief systems today. *Critical Review* 18: 197-216.

Klapper Joseph, *The effects of mass communication,* Nueva York: Free Press, 1960 (trad. cast.: *Efectos de las comunicaciones de masas.* Madrid: Aguilar, 1974).

Knight, K. (2006) Transformations of the concept of ideology in the Twentieth Century. *American Political Science Review* 100 (4): 619-626.

Latour, B. (2004) Why Has Critique run out of Steam? From Matters of Fact to Matters of concern. *Critical Inquiry* (30) 2.

Títols publicats

Narratives

Adaptación a utopía
Daniel Yacubovich

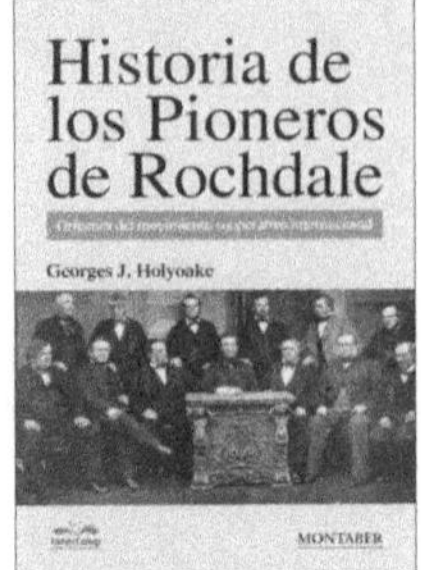

Historia de los Pioneros de Rochdale
Georges Jacob Holyoake

Imperio y abismo. El declive del mayor imperio del mundo
Pere Coll

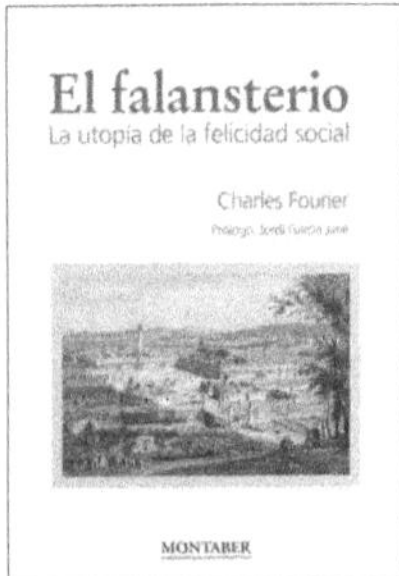

El Falansterio
Charles Fourier

El planeta del foc
Martí Olivella Solé

La insurrección en Dublín
James Stephens

Cuentos de Bagdad
Glòria Arimon

La Patrulla Pesquera
Jack London

Una partida de ajedrez
Stefan Zweig

Crítica i assaig

Gràfica cooperativa a Barcelona. Iconografia del cooperativisme obrer (1875-1939)
Marc Dalmau

En guerra per la vida. Crisi climàtica i transformació social
Josep Cabayol i Virallonga

AutoDefensa Noviolenta (#ADNcat) en 100 missatges i una història increïble
Martí Olivella Solé

El entramado
Christian Ferrer

Los estudios culturales
Fredric Jameson

El fin de las pequeñas historias
Eduardo Grüner

La cooperación entre el alumnado
Sylvain Connac

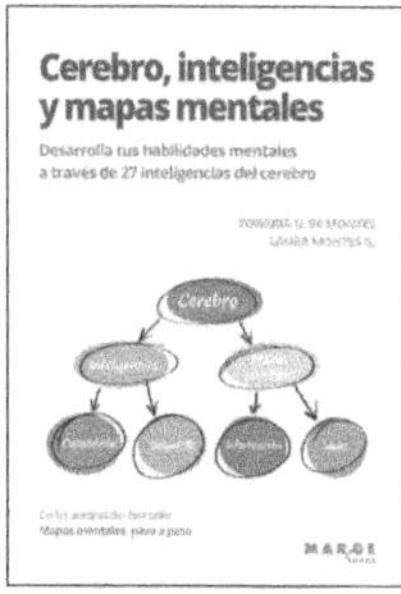

Cerebro, inteligencias y mapas mentales
Zoraida G. de Montes, Laura Montes G.

Apocalipsis
Karl Kraus

MONTABER Brutau, 160 – 08203 Sabadell (Barcelona) – Tel. +34-931 429 486 – montaber@montaber.es – www.montaber.es

www.ingramcontent.com/pod-product-compliance
Lightning Source LLC
LaVergne TN
LVHW050542160826
845677LV00011B/2148

* 9 7 8 8 4 1 9 1 0 9 5 3 8 *